森岡 毅
必勝の法則

逆境を突破する
異能集団「刀」の実像

日経ビジネス
中山玲子

日経BP

森岡毅　必勝の法則

逆境を突破する異能集団「刀」の実像

はじめに

「なぜ、こんなに入場客数をみるみると増やせられるんだろう」

経済記者として初めて、ユニバーサル・スタジオ・ジャパン（ＵＳＪ）を担当したのは２０１２年の春ごろ。開業ブームが去った後、長らく苦戦を強いられていたＵＳＪの入場客数が、右肩上がりで増えていく推移を目の当たりにして以来、私の頭の片隅にずっとあり続けたのがこんな疑問だった。

当時、運営会社であるユー・エス・ジェイで最高マーケティング責任者（ＣＭＯ）だった森岡毅氏の独特のキャラクターにも驚いた。頭を高速回転させ、マシンガンのように早口でしゃべる。だが、勢いで押し通すわけではない。なにより説明が論理的だった。話を聞いていると、テーマパークのビジネスに詳しくなかった記者でさえも、さらに入場客数が増えていくＵＳＪの未来がクリアに想像できた。

当時は未曽有の被害をもたらした東日本大震災から１年もたたない時期で、第二次安倍晋三政権の経済政策「アベノミクス」が始まる前のタイミングでもあった。どの分野の企業を取材しても明るい話は出てこないし、掲げた目標や見通しを実現する企業もほとんどなかった。そんな中でのＵＳＪの躍進は際だって見えた。

映画専門のテーマパークからの脱却を推進した森岡氏の戦略に対して、新聞各紙は当初、批判的に書いていた。

「コンセプトからずれている」

「開業時の方針から外れている」

しかし、そんな批判をものともせず、入場客数は増え続けた。顧客に対して最適解を提示し、結果を残す。批判の声は皆無になった。

ＵＳＪのＶ字回復の象徴的存在が、４５０億円もの巨額を投じて14年にオープンした「ハリー・ポッター」エリアだ。東京からも多くのマスコミが取材に訪れ、話題をさらう。インバウンド（訪日外国人）の増加も相まって、パークから少し距離のある大阪の梅田や難波でも、ＵＳＪ帰りの客を見ることが増えた。数年前まで閑古鳥が鳴いていたＵＳ

J。それが嘘のように思える奇跡の復活だった。

外から見てこれだけ変化があるなら、中ではもっと大胆な変革が起きているはず。ますますＵＳＪの中で何が起きているのか知りたくなった。

ハリー・ポッターエリアの開業式典の日、森岡氏の目には涙が浮かんでいた。いつも上機嫌に自慢の戦略をまくしたてる姿とは対照的だった。一生、当事者にはなり得ないという記者の立場をわきまえ、なるべく経営者の気持ちを理解しようと努めてきた。企業取材では、経営者が改革の必要性を訴えながらも頓挫する例を山ほど見てきただけに、森岡氏の涙の裏には、よほどの苦労があったのだろうと想像できた。

ＵＳＪにとって新たな目玉となったハリー・ポッターエリアの開業でさらに入場客数を更新し続けると、森岡氏が次に打ち出したのが、沖縄パーク計画だ。大阪から遠く離れた沖縄で手掛ける壮大なテーマパーク構想。だが、同計画は米コムキャストによるユー・エス・ジェイの買収によって白紙になる。森岡氏がＵＳＪの再生を手掛けて以来、猛スピードで進んできた改革がピタリと止まったかのようだった。その後の会見での様子から、森岡氏はやりきれない思いをこらえているように見えた。

私自身、しばらくは別の業界を担当してUSJの担当からは離れていた。その中で、森岡氏がユー・エス・ジェイを退社したこともニュースでは知っていた。驚いたのは、17年秋、刀《かたな》という聞いたことがない名前の会社から手紙が届いたときだった。

〈これまで培ってきたマーケティング力で日本社会に貢献するという大義を掲げ、同じ志を持つプロフェッショナルな仲間と一緒にマーケティング精鋭集団「株式会社刀」を設立いたしました〉

挨拶文の末尾にあった署名は「代表取締役CEO　森岡毅」だった。担当者に電話して聞くと、刀として沖縄パークに再挑戦するという。強い執念に驚かされた。

それから時間がたち、私は転職して日経ビジネス編集部の記者として電機やエネルギー業界を中心に取材を続ける日々を追っていた。その間、森岡氏は希代のマーケターとして多くのメディアで取り上げられる存在になっていた。自著も精力的に刊行し、その極意を学ぼうとする経営者やビジネスパーソンは多い。私が担当する業界とは異なる中で、心のどこかに森岡氏や刀の存在は残り、くすぶり続けていた。いつしか、他者から見た森岡の神髄、強さを取材して書き残したい、と。

その思いが形となったのが、23年12月4日号の日経ビジネスだ。「森岡毅　必勝の法則　最強マーケター集団、刀の素顔」という26ページの巻頭特集を組み、森岡氏をトップとする刀の取り組みにフォーカスした。日経ビジネスで1つの会社を巻頭特集で組むのは、ユニクロを運営するファーストリテイリングや日立製作所、ホンダなど、国内外で活躍する大企業が通例だった。一方、当時の刀は創業7年目で社員数が約100人の規模だ。スタートアップを取り上げるのは異例だった。

なぜスタートアップで1社特集を組んだのか。もちろん、それだけの価値があると編集部が判断したからだ。ただ、自信を持ってその価値を提案できた背景には、ある布石がある。刀の特集を組む前の22年2月21日号で、日経ビジネスはキーエンスを特集し、読者からは大きな反響があった。刀とは異なり、キーエンスは時価総額で日本のトップ5に入るほどの巨大企業だ。ただ、あまりメディアに登場しない同社の強さの秘密はベールに包まれていた。特集メンバーの一員として取材した中で強く印象に残ったのが、予想を超えてくるキーエンスの営業手法に「顧客が驚いている」点だった。

驚きをもたらす会社――。

かつて私がＵＳＪの成長や森岡氏の戦略に圧倒されたように、刀にも驚きの要素が詰まっている。私だけでなく、ＵＳＪの躍進ぶりや刀の成果を目の当たりにした多くの企業関係者や金融関係者が舌を巻くのを感じてきた。

刀の驚きの要素を読者にも届けたい。そう思って取り組んだ刀の特集は、森岡氏だけでなく、刀内部の動きまでリポートし、大きな反響があった。読者から届いたのはノウハウが参考になったという声ばかりでない。「勇気をもらった」「元気が出た」という感想まで多数届いた。

失われた30年。バブル崩壊直後の１９９０年代から続く停滞の中で、日本経済はいまだ光を見いだせない状態が続く。停滞期間が長すぎるあまり、「成長」を知らない経営者、ビジネスパーソンも少なくない。

では、長いトンネルから脱するために、経済記者の立場で何ができるのか。数少ない日本の成功事例を多くの人に共有することがその一助となるのではないか。そこにはまったのが刀だ。

取材を進める中で改めて驚かされるのは、刀が「数学マーケティング」を中心とした独自のノウハウを多く持っていることだ。「どんな高い壁であってもしっかり階段をつくれば必ず上れる」と森岡氏が言うように、刀はたくさんのノウハウを積み上げて、1段ずつ階段をつくって上っているように感じた。

森岡氏の執念にも驚かされる。多くの社員や関係者が「USJの頃から言っていることは変わっていない」「まったくぶれない」と口をそろえる。そして、その精神は刀という組織の細部にまで浸透している。

「問題が立ちはだかると、むしろ、みんな盛り上がってくる。こんな会社にいて面白くないわけがない」

ある社員の言葉が、直面する苦難や壁を明るく乗り越えようとする刀の強さを表している。

森岡氏は多くの著書を出している。自著のため、当然だが一人称の視点になっている。一方、本書は第三者である記者の客観的な視点から、森岡氏だけでなく、その周りの役員、社員にも焦点を当て、なるべく行動の背景にある心情まで分かるように書いた「森岡氏とその仲間たちの物語」である。

日経ビジネスの特集から追加取材を重ね、大幅に加筆した。取材で出会った関係者は刀の役員、社員を中心に100人近くに及ぶ。人は、他人との関係性によって、その人柄が浮かび上がってくるものだ。森岡氏と同僚たちがどのような言葉を交わし、どのように感情を行き来させているのか。その息づかいを表現することで、森岡氏らが創った刀という組織の実態に迫った。なお、本文で登場する方々の所属や肩書、年齢は取材時点のものとした。また、敬称を略させていただいた。

たぐいまれな執念と独自のマーケティングによって、自らの成長を目指すだけでなく、日本の未来を切り拓こうとする森岡氏と刀。本書を手に取った多くの経営者やビジネスパーソンが停滞を打ち破り、勝ちきるためのヒントを見つけてほしいと願っている。

目次

はじめに …… 2

Prologue
挫折からの再始動
悲願のジャングリア …… 17

第1章
全国で巻き起こす旋風 …… 31
パークから飲食、医療まで「目からうろこ」の再生術
データで知る「刀」

第2章
人生を変える唯一無二の武器 49
誤差1%の需要予測　未来から勝ち筋をつくる
「かわいい」が分からない　どん底から生まれた数学という武器
外資ファンドもうなる「ホームラン」　ハリポタ巨額投資450億円
その判断は本当に正しいか　問い続ける「真実の番人」

Interview
PAGマネージングディレクター　橋本昭紀氏
ハウステンボスで2発目の「ホームラン」を狙う 76

第3章
異端の経営者
森岡毅の月旦評 83
目的へ一直線に突き進む　森岡をつくった「原点」

アサヒビール社長　**松山一雄**氏
森岡さんは「世界制覇」を目指している……92
ロッテホールディングス社長　**玉塚元一**氏
物事を理解する努力が飛び抜けている……100
大和証券グループ本社社長　**荻野明彦**氏
熱く夢を語り　姿勢が全くぶれない……103
ロイヤルホテル会長　**蔭山秀一**氏
真面目で純粋　サラリーマン的な邪心がない……106

第4章 これが本当の消費者理解

「人は生の感動に反応する」　だからVRより役者300人
森岡が導入した製作の設計図はヒント満載の宝箱……109

「狂人」と「凡人」のベクトル上に浮かぶ解
知名度ゼロからの始動　宿泊施設の稼働率が9割にも
「医師の言葉が患者を変える」　刀が医療業界に吹かす新たな風
勝てるのは「ハイグラウンド」な市場　事業が成功する3条件

Interview
消費者の言行不一致に注目してインサイトを見つけよう……156
刀顧問　堀要子氏

第5章
マーケティングで日本企業を変える……165
空いていた“ど真ん中”で真っ向勝負
業界2位企業の生きる道　提案営業は「選択と集中」へ
消費者価値を心と頭で理解　泥臭い仕事は「実戦方式」で伝授

第6章
最大の敵は「投資」……191
森ビルも驚く再生術　ヴィーナスフォートは「まだ使える」
カネをかければいい　その発想が組織を壊す
地元も気付かなかった強み　「やんばるの森」は沖縄の資産
「超攻撃型」組織だからオフィスは質素

第7章
最強組織は個人の可視化でつくる……217
本人も知らない強みを探す　刀流人材育成術
2泊3日で「自分のぶれない軸」を発見　一般向けの刀ブートキャンプ

Column
森岡が一目置く刀の精鋭たち……240

第8章

バタフライエフェクトを起こす …… 251

新たな事業創出へ　目的は「日本の食いぶちをつくる」
「地元の協力なしに成功はない」　挫折で得た教訓
新パークは学びの場　沖縄を「観光学の中心地にする」
ディズニー、ユニバーサルに対抗できる第3勢力になる
小売も外食もスマホ1つで需要予測できる未来に
目指すは「マーケティングができるゴールドマン・サックス」

Interview

刀CFO　立見信之氏　ジャングリア開業後に上場へ …… 286

第9章

森岡毅が見る未来 …… 291

私たちはまだ何も達成していない

おわりに …… 306

Prologue

挫折からの再始動
悲願のジャングリア

那覇空港から車で北に1時間強。沖縄県名護市と今帰仁村《なきじんそん》にまたがるエリア。多様な生態系が育まれている亜熱帯のこの地に２０２５年、大自然をモチーフにしたテーマパーク「ジャングリア」が姿を現す。森岡毅が率いるマーケティング集団の刀が創業以来、着手してきたプロジェクトだ。総事業費は約７００億円。自社事業としては最大規模で「刀にとって一丁目一番地の事業」（森岡）だ。

刀が最大株主となる会社「ジャパンエンターテイメント」（名護市）が運営する。オリオンビールと小売業のリウボウ、不動産のゆがふホールディングス（ＨＤ）の地元3社のほか、近鉄グループホールディングス（ＧＨＤ）やＪＴＢなど、県外の大手企業も出資するオールジャパン体制で挑む。

敷地面積は約60万平方メートルで、東京ドーム12・8個分に及ぶ。その広さは、東京ディズニーランド（ＴＤＬ）やユニバーサル・スタジオ・ジャパン（ＵＳＪ）を上回る。ブランドイメージは「パワーバカンス」。沖縄ならではの魅力を大自然に見いだすとともに、消費者がそこに求めるであろう価値と照らし合わせて導き出した。

森岡はブランドイメージについて「沖縄の森は本州の森とは違う。**木はぐにょぐにょ**

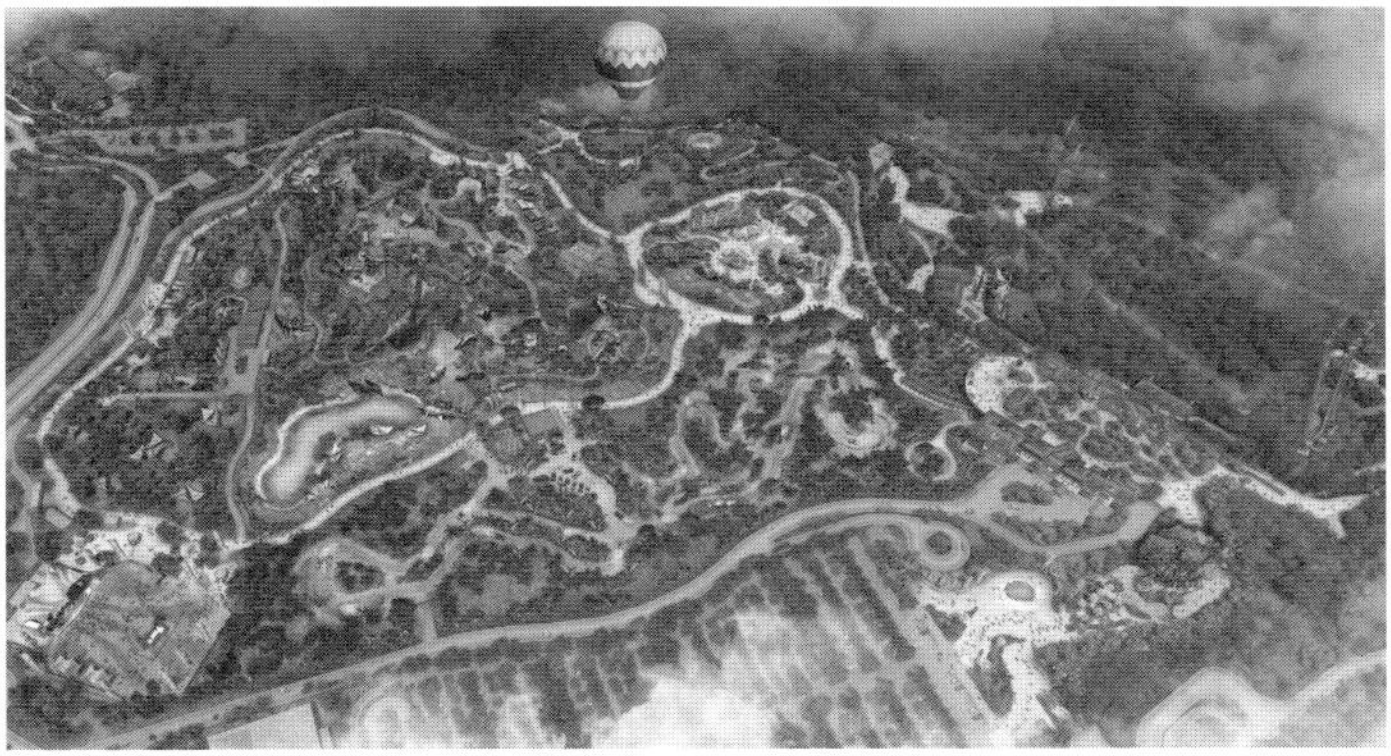

沖縄北部で2025年に開業するテーマパーク「ジャングリア」の全体のイメージ図（写真＝ジャパンエンターテイメント）

と伸び、そのエキゾチックで独特な外観は見る人を元気にさせる。沖縄の太陽と風、空気、森……。都会では味わえない大自然の中で、思い切りエネルギーを発散し、開放感に浸れることを重視したコンセプト」と話す。

大自然が舞台のテーマパーク

首都圏や関西圏から飛行機と車で片道4〜5時間はかかる沖縄北部のテーマパーク。そこに消費者が求めるのは、日帰りで行ける都市部のテーマパークとは異なる体験だ。東京ディズニーリゾートやＵＳＪのように映画やアニメのコンテンツがテーマではない。場所が沖縄だからこそできる、「大自然」のテーマパークだ。森岡は「豊かな自然の中で大切な家族や恋人、友人と一緒に訪れたときに、**一生の思い出として記憶に刻まれるような体験**を用意している」と自信を見せる。

もっとも、ここに至るまでの道は決して平たんではなかった。苦節13年。森岡が沖縄パークの構想を最初に打ち出したのは11年のことだ。01年に大阪市で開業したUSJは10年もたたないうちに、入場客数が大幅に低迷、経営破綻に近い状態だった。そんな中、運営会社であるユー・エス・ジェイのCEO（最高経営責任者）であったグレン・ガンペルが目を付けたのが、プロクター&ギャンブル（P&G）で圧倒的な成果を出していた森岡だった。

USJ再建の先をいく成長計画

ヘッドハンティングされた森岡がユー・エス・ジェイ入社後につくった再建計画「**3**

段ロケット構想」。新ファミリーエリアの建設、映画「ハリー・ポッター」エリアの開業に次ぐ第3段として位置付けたのが沖縄パークだった。

大阪から遠く離れた沖縄のパーク計画。ユー・エス・ジェイにとってどんな意味を持っていたのか。2段目までのロケットでUSJを魅力あふれるものに刷新して財務を改善。筋肉質な企業として攻めの投資を実行し、多拠点でテーマパークを運営する。その狙いは、成長著しいアジアの需要の取り込みだ。森岡の視線は、大阪のテーマパークの再建にとどまらず、アジア市場の攻略もあったのだ。

その力の入れようは、計画した投資額からもうかがえる。当時の会社売上高の半分を上回る450億円を投じたハリー・ポッターエリアでさえ、前例のない巨額投資だと社内外で批判が渦巻いた。沖縄パークの規模はそれを優に超える約600億円だった。

14年度、過去最高の入場客数を記録し、ユー・エス・ジェイは既に再建を果たしていた。沖縄パーク建設は再建のさらにその先をいく成長計画だ。ユー・エス・ジェイを一段と成長させる。3段目のロケットで、より大きな賭けに出ようとしていた。

ＵＳＪ時代、沖縄パークの建設予定地は国営海洋博公園内の沖縄美ら海水族館付近で話が進んでいた。15年春には構想を正式に国に伝達。ガンペルと森岡が当時の官房長官、菅義偉を訪れ、沖縄パーク計画とその波及効果について説明した。同年夏には沖縄県知事（当時）の翁長雄志の元にも訪れた。菅は官房長官会見で「政府として応援する」とし、翁長知事も「県民の期待は大きい」と発言。国・県の両者から同意を取り付け、計画は順調に進むはずだった。

「勝ち」が呼び寄せた「負け」

ところが、およそ1週間後に調印を控える中、急転直下で事態は変わる。ユー・エス・ジェイが米メディア大手コムキャストに約１８００億円で買収され、同グループの傘下に入ることが決まったのだ。

翌16年2月18日、新聞各紙にはこんな見出しが並んだ。

「ＵＳＪ、沖縄進出撤回を検討」

米コムキャストによるユー・エス・ジェイ買収の会見。同社社長のグレン・ガンペル（右から2人目）やコムキャスト、大株主のゴールドマン・サックスの幹部らが出席。CEOではない森岡の姿はそこにはなかった（写真＝産経新聞社）

ガンペルの後任社長の下でユー・エス・ジェイは事業の見直しを進め、経営資源をＵＳＪに集中させる判断を下した。それからおよそ3カ月後の5月11日、沖縄パーク計画の撤回を正式に表明。5年もの期間をかけて進められてきた計画は白紙になった。

「大きな挫折だった」

森岡はそう振り返る。独自の需要予測を基に勝ち筋を描いていた渾身のプロジェクトだった。絶対に集客できる自信があった。計画撤回は親会社の意向。皮肉にも、森岡の手腕によってユー・エス・ジェイの経営再建が進んだことが招いた結果でもあった。

業績改善によって企業価値が大きく高まり、売り時とみた筆頭株主の米ゴールドマン・サックスらが株式売却を決断。森岡はCEOらに沖縄パークの意義について説明を重ねたが、「力が及ばなかった」(森岡)。執行役員だった森岡は再建の立役者であっても、CEOではない。経営判断にはあらがえなかった。

計画撤回から退社前までは苦しい時期が続いた。この頃、森岡は約1年かけて関係者へ謝罪行脚に回った。構想へと動き出した11年から5年間で協力を求めた関係者の数は少なくなかった。

「各方面に謝罪をして回った。このときは本当につらかった」と森岡は唇をかむ。

だが、ここで終わらないのが森岡だ。

「**どうしても沖縄パーク計画を諦めることができなかった**」という森岡は17年、ユー・エス・ジェイを飛び出した。そして、同社の同僚らと共に刀を創業。今度は「刀の森岡」として、沖縄パーク計画の再挑戦へと動き出したのだ。

相手先に訪問した際、ユー・エス・ジェイ時代と変わったのは反応だ。いざ事業を始めようと協力を仰ぎに各所を回るも、相手の反応は鈍かった。かつては存在した大会社の看板がなかったからだ。創業したばかりの刀は当初、社員数が5、6人に過ぎないスタートアップ。森岡は「ユニバーサルという看板の重みを痛感した」と語る。

一方で、謝罪の際、地元から言われた言葉は耳に強く残っていた。

「いつかまたチャレンジしてほしい」

期待を裏切る格好となり、むげにされてもやむを得ないと謝罪に向かった先で言われたのは、多くの励ましや温かい言葉だった。

地元大手は森岡毅という人間を見ていた

中でも、突破口を開くきっかけになったのは地元・沖縄のある大手企業の協力だった。

再挑戦に際し、刀の創業メンバーの一人である加藤健史と森岡が最初に訪ねたのが、地元大手のオリオンビールだった。相手は沖縄経済界の重鎮であるオリオンビール会長（当時）の嘉手苅義男だ。

「やはり、沖縄にはテーマパークが必要です。何としてもパークを建てたいのです」

森岡らは30分以上、懸命に沖縄への思いを伝え続けた。一言もしゃべらず聞き役に徹していた嘉手苅の顔が後半、次第に笑顔になり、こうつぶやいた。

「沖縄に関心を持ち続けてくれてありがとう。応援します」

その後、刀が設立した沖縄パークの準備会社ジャパンエンターテイメントへの出資を、オリオンビールが一番に決めた。社長の村野一は、ジャパンエンターテイメントへの出資の背景をこう語る。

「我々は、ユー・エス・ジェイの計画というより、森岡さんの熱意に共鳴したからこそ協力すると決めた。ユー・エス・ジェイの幹部だった森岡さんと刀の森岡さんは、我々にとって何の違いもない。森岡さんとなら一緒に沖縄を盛り上げることができると思った」

オリオンビール幹部が見ていたのは、ユニバーサルという看板ではなく、森岡という

新型コロナウイルス禍に予定地を視察しながら話し合う森岡(右)と加藤

人間そのものだった。

「オリオンが出資するなら」と地元の輪は広がり、リウボウとゆがふHDといった地元大手の出資が後に続いた。オリオンビールは北部に所有するゴルフ場をパーク用地として提供することも決めた。

終盤の資金調達にも難局があった。

新型コロナウイルス禍が落ち着き始めた22年春にウクライナ危機が勃発。厳しい世界情勢を鑑み、融資を検討していたメガバンクなどがプロジェクトから離脱したのだ。

その穴を埋めるため、**「日本中の地銀のうち可能性の高そうな数十行を洗い出し、**

全国を駆け巡った」と加藤は話す。パーク開業時期から逆算するとぎりぎりのタイミングだったが、何とか資金調達のめどを付けた。

紆余曲折を経て、ジャングリアは23年2月に着工。そして25年、いよいよ沖縄北部に誕生する。ユー・エス・ジェイ時代の「挫折」は森岡に何をもたらしたのか。

「今振り返ると、あの挫折があったからこそ、自分が何を成し遂げたいのかがより明確になった。**挫折は、私の人生にとって最も大事なことをあぶり出すとともに、不必要なところを切り捨てるためのきっかけを与え、私に大きなエネルギーをくれた**」

可能性のあるところに経営資源を集中させ、諦めず最後までやり抜くのが森岡や刀の姿勢だ。それは、ジャングリアに限らない。創業以来、手掛けてきた各企業へのコンサルティング事業でもマーケティングを武器に諦めない姿勢を貫き、次々と再建を果たし、勝ち切ってきた。

なぜ森岡と刀は結果を出し続けられるのか。

成長へのあくなき執念に、それを可能にする独自の手法、様々な得意分野を持つスペシャリスト集団が互いに刺激して覚醒し、新たなビジネスモデルを構築する。それぞれのケースを基に、停滞を打ち破るヒントを見ていこう。

第1章

全国で巻き起こす旋風

パークから飲食、医療まで「目からうろこ」の再生術

円形ステージを中心とする空間で繰り広げられているのは、アニメ「【推しの子】」に登場するアイドルグループ「B小町」のライブ。米YouTubeのチャートでも1位になり、世界的にヒットしたYOASOBIの「アイドル」に曲が変わると、ステージを囲む大勢の若者らが一段と熱狂し、腕を振りながらジャンプする。B小町のライブを鑑賞することで自らもアニメの世界の観客になり、その世界観に浸れる。

ここは、東京・お台場のヴィーナスフォートの跡地に2024年3月に開業したテーマパーク「イマーシブ・フォート東京」だ。アニメやドラマ、映画でしか見たことがない様々な世界に〝**完全没入**〟できる新形態のテーマパーク。この空間では、ゲストは傍観者ではなく「**当事者**」になる。

イマーシブ・フォート東京の「【推しの子】」のアトラクションで観客になりきる若者ら（©赤坂アカ×横槍メンゴ／集英社・【推しの子】製作委員会）

客は歌い、踊り、叫び、ときには恐怖におののく。

パーク内では「【推しの子】」以外にも多様なコンテンツの体験が用意され、パーク内にいる演者がゲストに絡んでくる。演者の数は総勢300人。実生活と同じように、人との関係の中で生まれるライブ感を重視した設計だ。演者とゲストの境界線は取り払われ、臨場感あふれる演技が、ゲストを一段とその世界観へと没入させる。

テーマパーク業界に革新

手掛けるのは、森岡率いるマーケティング精鋭集団、刀である。USJ再建の立役者として知られる森岡が17年10月に設立し、現在の社員数は約100人だ。それまでマーケティング支援を中核としてきた刀にとって、イマーシブ・フォート東京は、自社で運営する初のテーマパークとなる。「東京リベンジャーズ」「今際の国のアリス」など豊富なコンテンツをそろえる。

「今のままのテーマパークであれば、ライブエンターテインメントの未来は先細っていくのではないか。そうした中、**ライブの良さを思い切り凝縮して進化させた**のが、この新しいテーマパークだ」（森岡）

米カリフォルニア州に世界初のディズニーランドが開業したのは1955年のこと。約70年もの年月を経る中で、買い物の場は個人商店から大規模商業施設、さらにEC（電子商取引）に代わり、技術でもガソリン車は電気自動車（EV）などに代わろうとしている。多くの業界で革新が起きてきたのに、テーマパークはその歴史が始まって以来、形はほとんど変わっていない。そうした業界で、刀は革新を起こそうとしている。

没入を意味する「イマーシブ」。欧米ではイマーシブ体験できる施設が徐々に生まれているが、規模は小さい。これに対し、刀が開業したパークは10以上のコンテンツを集め、複数の体験をそろえた世界初のイマーシブ専門のテーマパークだ。「ここでは、**これまでのテーマパークの常識を超える体験を提供する**」（森岡）

刀は、17年の創業以降、全国で数々の偉業をなし遂げてきた。本書のテーマである「必勝の法則」。その森岡と刀の遍歴を見てみよう。

例えば、経営破綻した旧グリーンピア三木（ネスタリゾート神戸、兵庫県三木市）を1年でV字回復させ、20年の新型コロナウイルス禍の中で黒字化した。山手にある同パークは体験施設の圧倒的な少なさが難点だったが、森岡は「**『山しかない』のではなく『山がある』**」**と発想を転換**。巨大な玉の中に入って斜面を転がり落ちたり、でこぼこの山道をバギーで走ったりする体験をひねり出した。

1950年開園の老舗テーマパークである西武園ゆうえんち（埼玉県所沢市）でも、古さを逆手に取って大胆にリニューアルし、客層を大きく若返らせてみせた。再現した昭和の街並みや商店街に、その時代を知らない若者までもが「懐かしい」と言葉を発した。

「ここのうどんは、生きている。」

テーマパークだけではない。

外食大手トリドールホールディングス（HD）傘下のうどん店「丸亀製麺」では、16カ月連続で前年割れしていた既存店客数を8カ月で2桁増に引き上げた。原動力となったのは「ここのうどんは、生きている。」というキャッチコピーである。

丸亀製麺は、全店で粉からうどんをつくる。だから「生きている」。そこで、打ち立ての〝もちもち、つるっと〟食感を「丸亀食感」と命名し、前面に出した。すると、みるみる客足が伸びていったのだ。外食業界に詳しいいちよし経済研究所首席研究員の鮫島誠一郎は「目からうろこだった」と振り返る。

「多くのお客さんは丸亀製麺が店でうどんをつくっていると認識しておらず、我々アナリストもその価値に気付いていなかった。経営陣にとってもサプライズだったのではないか」

大和証券の五十嵐竣アナリストも「スーパーで買った袋麺をゆでて食べるのとどれほ

ど違いがあるのかというくらい、うどんは差別化が難しい。**言われないと分からない、行ってみないと分からない価値**をCMや店舗づくりでうまく打ち出した」と評価する。刀の支援終了後も丸亀製麺の業績は好調で、24年3月期のトリドールHDの連結売上高は初めて2000億円を突破。最高の更新は2年連続の快挙だった。

食品大手ともタッグを組む。22年10月、製粉大手ニップン（旧日本製粉）とパスタ事業で協業を開始。従来は注目されなかった価値を打ち出すことで、冷凍パスタ「オーマイプレミアム」の売上高は23年3月から24年8月で前年同期比で32％増（インテージSCI〈15～79歳〉冷凍個食パスタ市場、100人当たり購入金額ベース）、乾燥パスタの売上高にいたっては同期間で前年同期に比べて65％増と大きく引き伸ばした。

競合も含め、ゆで時間の短さや麺の太さ、価格で選ばれる傾向があった乾燥パスタ。ただ、森岡が求めた競争軸は異なる。消費者価値の「**〝ど真ん中〟が空いている**」（森岡）とし、「おいしさ」に原点回帰した。

パスタのゆで方では、かんだときに芯が残る「アルデンテ」が理想とされる。だが、刀は消費者が求めているのは必ずしも「硬さ」ではないという仮説を打ち出した。硬さよりも〝もちっと〟した食感こそ、消費者は求めている——。この仮説を体現した商品開発を実行した。パッケージデザインも、ゆで時間など機能性を訴求する内容からおいしさを前面に打ち出したデザインに刷新した。

「こんなに売れるとは思わなかった」

2月の発売直後、従来とは一線を画す商品の売れ行きに、全国のスーパーから驚きの声が相次いだ。ある小売り大手は取扱店舗数を一気に1・6倍に拡大。その後も陳列数の拡大など、全国で支持を広げている。

ニップン社員は「入社以来、乾燥パスタはゆで時間などで差別化するものと思い込んでいた。競合も同じように考えていただろう。(食品メーカーでありながら)『おいしさ』を訴求するのは今までにない視点だった」と話す。何十年と変わらなかった成熟市場にも変革を起こしつつある。

医師の診察が変われば患者も変わる

自社事業では、エンターテインメントや小売業界とは全く毛色の異なる医療事業にも進出。高血圧を中心とした慢性疾患に特化したオンライン診療の「イーメディカル」だ。本格始動の22年9月から2年もたたないうちに利用者は数千人に達した。驚くべきは継続率。利用開始から半年後までの継続率は約90％を誇る。

通常の診察では「医師の説明が分かりにくい」「診察時間が短い」など、患者の不満は多い。そこで、イーメディカルでは医師の診察スタイルを消費者起点ならぬ患者起点に変えることによって、患者が通院を続けやすくした。

血圧の測定を忘れても否定をせず、次から取り組めるよう促す。運動や食生活の改善ができたら褒める。オンライン診療ではあるが、約15分の診察時間の間は患者と視線を合わせ、丁寧なコミュニケーションを心がける。医師の診察が変われば、患者の行動も変わる点がこの事業のポイントだ。

どうすれば、人はそれを買いたいと思い、そこへ行きたいと思うのか。本能レベルまで探求し、消費者の心を動かす本質的価値を見抜く。その上で仮説を立て、それが正しいかを独自の数式によって検証し、最も効果的な戦略を繰り出す。それが森岡流の勝ち筋だ。

業界の常識を打ち破り、新たな価値を生み出す森岡と刀。自社事業では新ビジネスを創出するとともに、コンサルティング事業では多様な業種から事業成長や再建の依頼が舞い込む。なぜ、これほど圧倒的な成果を上げられるのか。森岡の遍歴や刀が手掛ける個別のケースを基に、そのメカニズムに迫っていこう。

データで知る「刀」

業種を問わずマーケティングで成果

数字で見る刀の実績

ジャングリア

総投資額は

700億円

イマーシブ・フォート東京

需要予測の精度が

9割超

丸亀製麺

既存店客数が

18%増

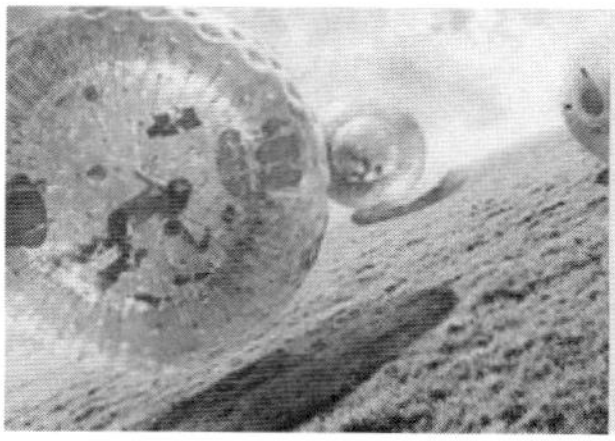

ネスタリゾート神戸

売上高が1年で

2.6倍

（写真上＝ジャパンエンターテイメント、中下＝tamayura39/stock.adobe.com）

ニップン

乾燥パスタの売上高が

65%増

農林中金バリューインベストメンツ

口座数が2年で

7倍

ネイチャーライブ六甲

稼働率が

9割

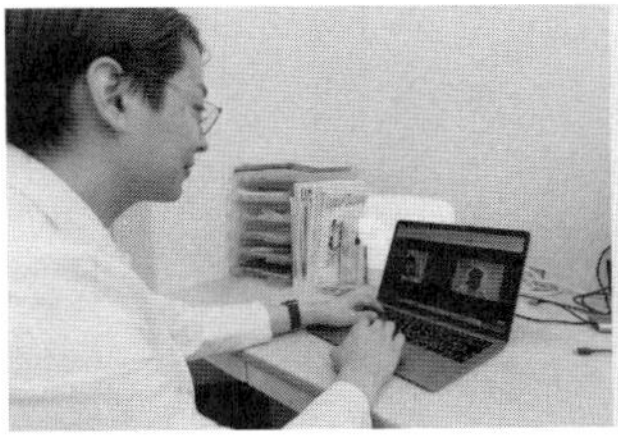

イーメディカル

利用継続率が

9割

（写真下＝古立康三）

少数精鋭で変革に挑む

刀ってどういう会社?

KATANA
marketing & entertainment
刀

創業：　2017年10月
本社所在地：大阪市
社員数：　約100人

主な株主：　森岡毅を中心とする刀の創業メンバー
大和証券グループ本社（20年に140億円出資）
クールジャパン機構（22年に80億円出資）

刀のミッションは「マーケティングとエンターテイメントで日本を元気に!」。マーケティングを日本企業が世界で勝ち抜いていくための武器にするという願いを込め、日本古来の武器「刀」を社名にした。コンサルティングをする企業の懐刀になるとの意味や、1振り、2振り……と、社員一人ひとりが切れ味の鋭い刀になって貢献するという意味、経営の意思決定で不要なものをそぎ落とし、徹底した消費者視点を追求するといった意味も。ロゴのデザインは書家の紫舟によるもの。森岡は日本刀のコレクターでもある。

最強マーケター集団

刀の幹部はどんな人?

中央下から時計回りの順で、森岡毅CEO、森本咲子CMO、加藤健史氏、大石広和氏、今西聖貴CIO、立見信之CFO、尾崎美和氏(写真=菅野勝男)

代表取締役CEO(最高経営責任者)

森岡 毅

もりおか・つよし。1972年生まれ。神戸大学経営学部卒、96年にP&G入社。日本のP&Gでヘアケア製品「ヴィダルサスーン」の黄金期を築き、P&G世界本社へ転籍。北米パンテーンのブランドマネージャーやウエラジャパン副代表などを歴任。2010年に事実上の経営破綻をしたUSJへ転じ、入場客数を約2倍に伸長、V字回復させた。17年に同社を退社し、仲間と共に刀を創業。

森本咲子
取締役CMO
（最高マーケティング責任者）

1972年生まれ。95年、神戸大学経済学部卒業後、P&G入社。高級化粧品ブランド「SK-II」の商品開発を担当し、数々のヒット商品を放つ。26歳でブランドマネージャー、34歳でアソシエート・マーケティング・ディレクターに昇進。12年、森岡の招請でUSJに転職。消費者理解のスペシャリスト。刀の創業メンバー。

今西聖貴
シニアパートナーCIO
（最高インテリジェンス責任者）

1953年生まれ。シンシナティ大学大学院理数部数学科修士課程修了。83年、P&G入社。市場調査部で抜群の実績を上げ、92年P&G世界本社。各国に有効な需要予測モデルの開発、市場分析・売上予測をリード。12年、森岡氏の招請によりUSJ。市場構造の解析及び需要予測モデル開発運用の世界第一人者。森岡とともに刀を創業。

加藤健史
取締役シニアパートナー
オペレーション

1976年生まれ。早稲田大学卒業後、2000年にUSJ。開業前より新規アトラクションを複数立上げ、高効率なオペレーション開発に従事。飲食・物販部門でも売上予測モデルを開発。USJ時代から沖縄パーク開発に関わる。刀の創業メンバー。沖縄パーク「ジャングリア」を運営するジャパンエンターテイメント代表。

立見信之
取締役CFO
（最高財務責任者）

1971年生まれ。早稲田大学法学部、ロンドン・スクール・オブ・エコノミクス修士課程修了後、98年に三井物産。三井物産戦略研究所で新規事業立ち上げに関わる。2004年、ボストンコンサルティンググループ。11年、USJ入社、企画部長として中期戦略及び資本政策の企画立案・実行を牽引。森岡らと刀を創業。

大石広和
エグゼクティブディレクター インテリジェンス
&ストラテジック・ヒューマンリソーシズ

1973年生まれ。慶応義塾大学大学院理工学研究科管理工学専攻修了。P&Gで市場構造分析や新商品の需要予測をリード。2007年にUSJへ。インテリジェンス部長などを歴任後、20年に森岡の招聘で刀に参画。刀の戦略人事、組織開発を統括。マーケティング視点に立った組織づくりや人材育成をする。

尾崎美和
シニアエグゼクティブ・ディレクター
リーガル&ライセンス

2006年弁護士登録。西村あさひ法律事務所に入所し、主にM&A・コーポレート案件に関与。13年、UCバークレーのロースクールを卒業、14年、ニューヨーク州弁護士登録。13年にシリコンバレーへ赴任、現地のM&A案件に関わった。16年よりタカラトミー。法務部長や経営企画室長を歴任。20年、刀に参画。

コンサル事業だけではない

刀が手掛ける事業は?

自社事業

- **刀イマーシブ**
  (「イマーシブ・フォート東京」の運営)〈東京都千代田区〉
- **刀フォース**
  (需要予測を生かしたDX)〈東京都千代田区〉
- **ネイチャートラベルジャパン**
  (宿泊グランピング施設の運営、体験型旅行)〈神戸市〉
- **イーメディカルジャパン**
  (高血圧オンライン診療)〈東京都千代田区〉
- **ジャパンエンターテイメント**
  (「ジャングリア」の運営)　※刀が筆頭株主〈沖縄県名護市〉

コンサル事業(協業先)

- **ニップン**
- **ハウステンボス**
- **丸亀製麺**
  ※協業期間満了
- **農林中金バリューインベストメンツ**
  ※協業期間満了
- **西武園ゆうえんち**
  ※協業期間満了
- **ネスタリゾート神戸**
  ※協業期間終了、2023年秋に一時的に所有していた経営権譲渡

(注)非公開案件は除く

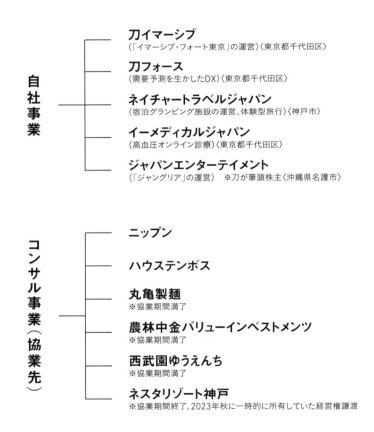

第2章

人生を変える唯一無二の武器

未来から勝ち筋をつくる 誤差1%の需要予測

それは、ＡＩ（人工知能）でも簡単に導けないような予測だろう。長崎県佐世保市のテーマパーク「ハウステンボス」。２０２３年10月の月間入場客数を約３カ月前の予測値と照合すると１％しかずれがなかった。

何がどこでいつどれくらい必要とされるかを示す需要予測は、パーク運営に限らず、小売り、外食などでも重要性が増している。運営効率化を目指す手段となり、精度の高さが費用の大きさを左右するためだ。予測を基に人員の配置や商品を確保するが、需要に対して予測が少ないと販売機会を失うだけでなく、クレーム発生や顧客満足度の低下につながってしまう。一方、予測が大きすぎると余分な人件費がかさみ、在庫過多となって費用は膨らむ。どの企業や組織も、過去の実績などを基に予測を立てて未来に備え

■ハウステンボスの需要予測は誤差1%のときもある

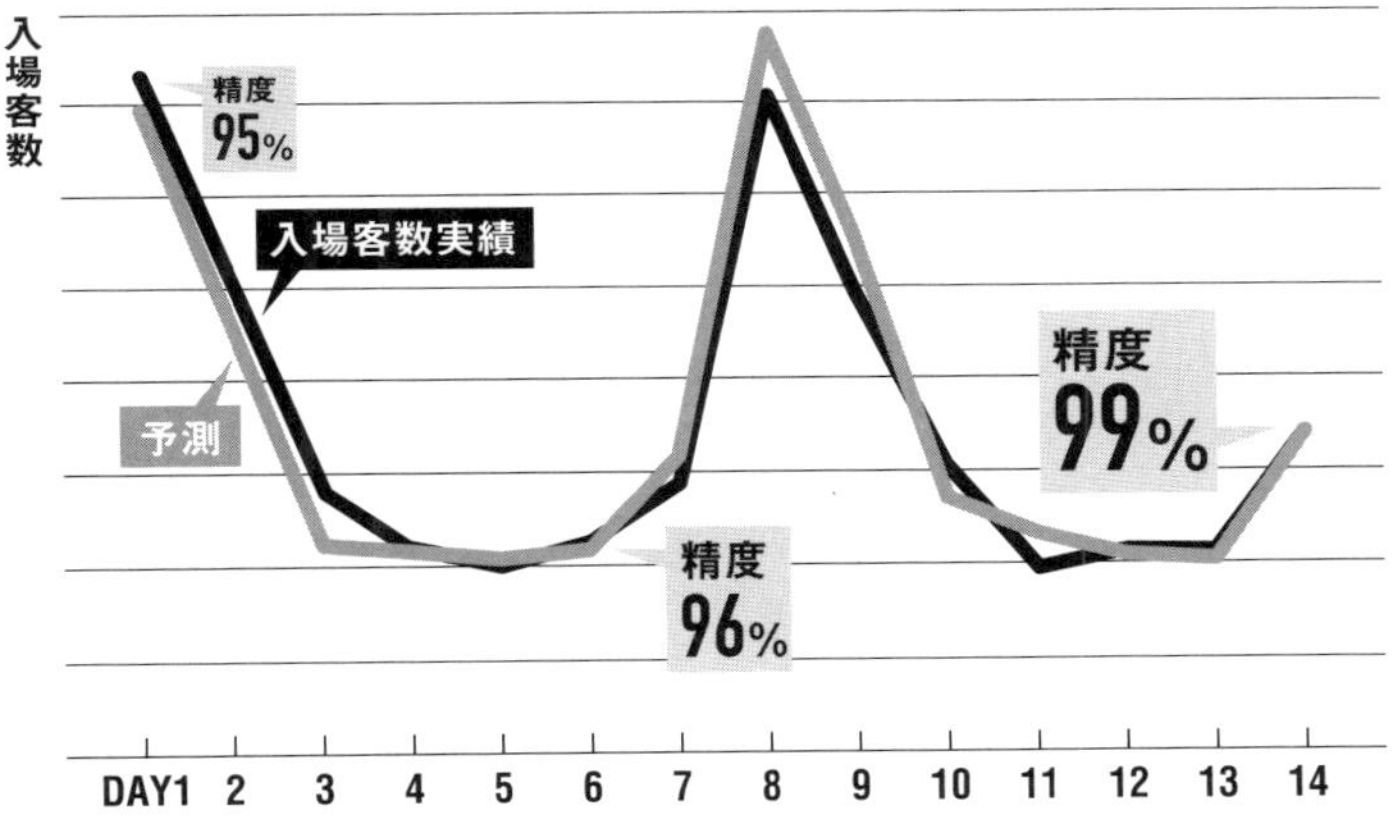

(注)：2023年10月の2週間をピックアップ。グラフは実数ベース。予測は3カ月前に出したもの。精度は実数ベースの実績と予測を基に割合を算出

るが、その精度を高めるのは難しい。とりわけ大規模パークの場合、予測が1%でも大きくずれると、費用は大きく違ってくる。日々の予測の精度の積み重ねで、運営会社の業績も左右する大きな要因となる。

そんなテーマパーク業界で「精度は通常8割で高い」とされる中、ハウステンボスにおいては1日単位の予測でも9割超えは常。99%のときもある。

驚異の誤差1%。なぜ、これほど正確なのか。22年秋、刀が運営支援に加わったことが大きい。刀による独自の需要予測が生かされている。

ハウステンボスは18年に約170万人だ

った入場客数（有料エリア）を28年に300万人まで増やす目標を掲げる。パーク内で体験施設が少ないと言われてきた中で、24年春には園内唯一のライド系アトラクション「ミッション・ディープシー」を導入した。探査艇に乗って超深海を探索する新感覚スリルライドで客に好評を博す。この新アトラクション導入後も需要予測を存分に活かす。

では、独自の需要予測はハウステンボス内でどう生かされているのだろうか。

「ここまで緻密なのか」

ハウステンボスの担当者は、刀から示されたトラッキング（追跡）シートのフォーマットを見て驚いた。

シートにはこの先の日々の入場客数の予測がびっしりと書き込まれていた。データは前年との比較だけでなく、なぜ予測が外れたかを細かく要因分析ができる形式になっている。刀から出向したハウステンボスの幹部は「**何によって日々の入場客数がもたらされているのか、強く意識する**ようにしている」と語る。

客数の予測は、過去の集客データを基に、事前の予約状況や天候、プロモーションの影響なども加味して算出する。コミュニケーション部長（当時）の野中久実子は「測りづらかったPR効果も数字で示され、次に何をすべきかが考えやすくなった」と話す。

数式を開発し特許を取得

刀独自の需要予測システム。その根拠となっているのが、森岡が自身で構築した「**数学マーケティング**」にある。ベースとなるのが確率論だ。刀には情報分析を専門とする「インテリジェンスチーム」があり、確率を計算する数式を独自に開発し、特許も取得する。重視しているのは、できるだけ少ないインプットで、正確な予測値を導き出すことだ。

数理経済学が専門で、経済効果の試算でも知られる関西大学名誉教授の宮本勝浩は「世のコンサルタントと森岡さんが異なるのは、数学に基づいたマーケティングをしているところだ。非常に論理的で、客観的なデータを重視し、そこから戦略を立てている」と評する。

■マーケティングは障害物レースと同じ

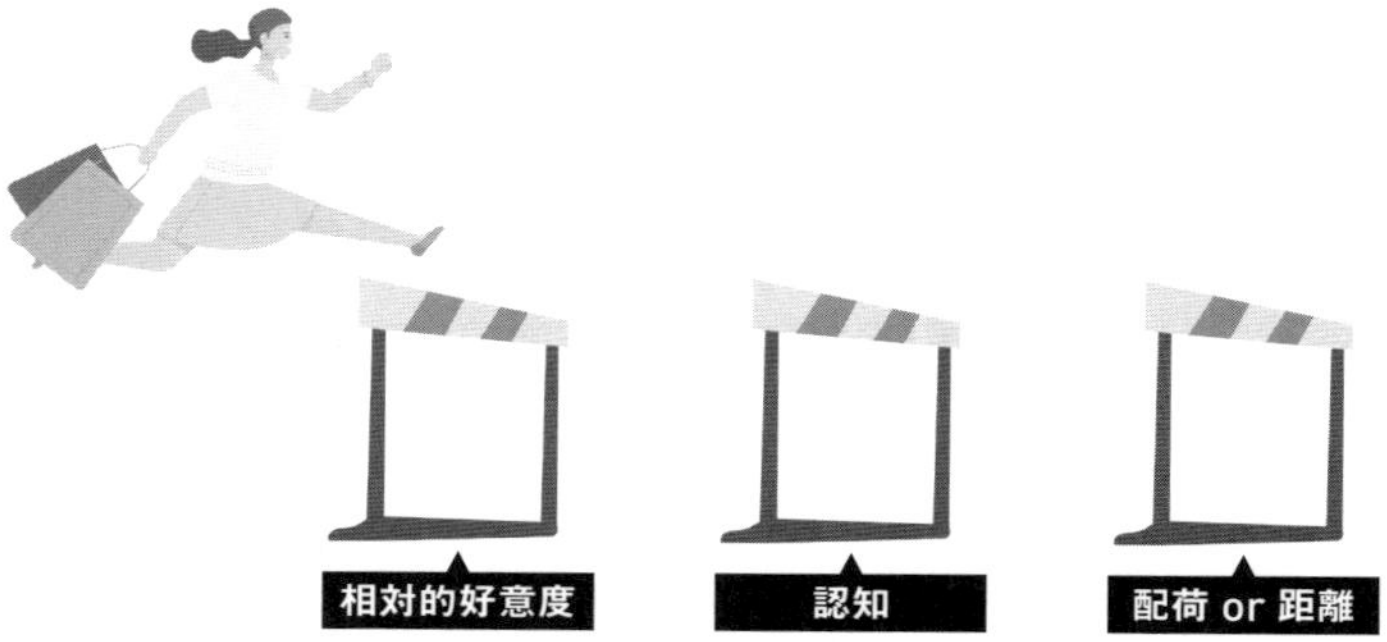

何が違うのか。消費者の行動を左右する要素は様々だが、「絞り込むと**本質的には3つ**しか残らない」と、刀の最高インテリジェンス責任者（CIO）、今西聖貴は言い切る。

最も重視すべき点は「**プレファレンス（相対的好意度）**」。次にどれだけ知ってもらえているかの「**認知**」。最後に、消費財であれば製品の手に取りやすさを示す「**配荷**」が続き、テーマパークなら、ここはパークまでの「**距離**」になる。刀には、独自の消費者調査も織り交ぜ、この3要素を精緻に数値化し、高い精度で確率をはじき出すノウハウがある。だから未来の需要を見通せるのだ。

日本企業は品質や技術力といったパフォーマンスを重視し、優先順位を高くしがち。だが、刀の考えではその優先順位は高くない。インテリジェンスチームの河合桃子は「**新機能を搭載しただけでは、消費者に響かない**」と明言する。相対的好意度、認知、配荷のどれかが足りないと、どんなにいい製品でパフォーマンスを示しても、埋もれてしまうというわけだ。

「かわいい」が分からないどん底から生まれた数学という武器

今でこそ、森岡にとって最大の武器となった数学マーケティング。だが、最初から順調にそこにたどり着けたわけではない。遡ること約30年前の、ある挫折から物語は始まる。神戸大学経営学部を卒業後、新卒入社したプロクター・アンド・ギャンブル（P&G）の日本法人で2年目に入っていた森岡は、壁にぶち当たっていた。

「これ、かっこいいいね」

「このデザインの方がすてきですね」

神戸市にあるP&G日本法人のオフィスで、同社のマーケターらがシャンプーのボトルのパッケージについて話し合っていた。どんなデザインにすれば消費者が手に取ってくれるか。社員がそうした議論をするのは、消費財を扱う企業なら日常の風景だ。だが、当時の森岡にはそうした感覚がさっぱり分からなかったのだ。

森岡が学生時代に得意とした科目は数学。一方で不得意だったのは国語だ。理由は、理数系科目に比べると**「解がはっきりしない」**印象があったから。客観性が高く、誰が見ても分かりやすい明確な数字が解として出る数学に比べると、国語の解は問題作成者の主観さえ入っているように思えた。

先輩や同僚らが口にする「かわいい」「かっこいい」は、国語の世界に似ている。おまけに、森岡は小さい頃からファッションや髪形にろくに関心を持ってこなかった。ファッション雑誌を読んだこともない。そんな森岡にとって、「かわいい」や「かっこいい」を理解するのは至難の業だったのだ。

当時はまだ20代半ば。一人前のマーケターになることを目指して入社したのに、マー

米P&Gの日本法人に入社して間もない頃の森岡（写真＝刀）

ケターなら誰もが持っているような卓越したセンスがないのを早々に自覚し、絶望した。

「このままではこの会社で生きていけない」

肩身は狭くなり、危機感と焦燥感が募る一方だった。3年目に入っても暗闇をさまよう時期は続いた。どれだけ苦しみながら先輩をまねしても、かわいいパッケージはつくれない。ふと隣を見ると、優秀な同僚がいとも簡単に洗練されたパッケージをつくって周りから高い評価を得ている。大きなストレスが森岡にのしかかった。

周りと同じセンスを諦める

悶悶とする中で、森岡はますます追い込まれていった。相変わらず、突破口は見えない。このまま自分は一人前のマーケターになれずに終わるのか。そんな想像ばかりが頭の中を巡った中で、ある瞬間に何かが吹っ切れて森岡はいちかばちかの賭けに出た。

「当時、長女が生まれたばかりで本当に生き残るのに必死だった。長くくすぶっていた中で、ある決断を下した。周りと同じセンスを身に付けるのをやめると決めた」（森岡）

その決意は、森岡の思考を180度変えた。今がどん底ならこれ以上悪くなることはないだろう。その後の人生をも左右する大きな判断となった。周りとは異なる、自分なりのモノサシを身に付ける。そこで森岡がフォーカスしたのが数学だった。

子供の頃には、将来数学者になろうと夢見たこともある。元来、研究肌。学生時代に得意だった科目は断トツで数学だ。そんな数学好きは社会人になっても変わらなかった。それが高じ、森岡は確率論や経営論の論文をひそかに読んでいた。その中でたどり着いたのが、米国の数学者で経営学者のアンドリュー・アレンバーグの論文だった。

消費者の購買行動には一定の法則がある。つまり、消費者一人ひとりの消費の選択は一定の確率でランダムに起きる――。そこに書かれていたのは、森岡が以前から考えていた仮説を証明するような内容だった。

「アレンバーグ氏は、私が気付く十数年前にこの法則に気付いていた。彼の論文に巡り合ったときは大きな感動を覚えた」

その後、森岡がアレンバーグを通じて知ることになったのが、森岡と年齢の近いオーストラリアの経営学者、バイロン・シャープだ。

シャープは2010年、『ブランディングの科学　誰も知らないマーケティングの法則11』（日本語版は18年発売）という書籍を刊行。長年、マーケティング界の権威とされてきた米経営学者、フィリップ・コトラーの手法に異論を唱えた。根拠や裏付けに基づいた科学を重視したマーケティングの必要性を訴えた同書はベストセラーとなり、業界内で大きな波紋を呼んだ。

コトラーが訴えてきた旧来のマーケティング理論に対して、より科学的アプローチの重要性を唱えたのがアレンバーグとシャープ。マーケティング界にこうした大きな2つの考え方があるすると、世の多くの企業はコトラーの考えに近い一方、森岡や刀の「数学マーケティング」はアレンバーグとシャープの考え方に近い。

盟友、今西との出会い

のちに森岡や刀がビジネスを展開する際の武器とする数学マーケティング。その芽生えには、もう1つの運命的な出来事が不可欠であった。刀の共同創業者でCIO（最高インテリジェンス責任者）である今西との出会いだ。

2000年代中ごろ、森岡が米プロクター・アンド・ギャンブル（P&G）の世界本社に移籍したとき、今西は世界中の市場分析と需要予測モデルの開発をリードしていた。「英語で話しかけてきて、中央アジアの方かな？と思ったら日本人だった。僕より19歳も年上なのに偉ぶらず、カジュアルに接してくれた」（森岡）

意気投合した2人は「ダンキンドーナツ」でよく語り合った。そこで森岡は今西に、個人的に師と仰ぐアレンバーグの存在を明かした。

森岡の盟友で刀CIOを務める今西聖貴（写真＝菅野勝男）

「アレンバーグの理論をどうやって実践マーケティングに取り入れるか。今まで僕がやってきたことをすべて今西に開示した。今西もすごく喜んでくれた。『うわ、こんなことをやる人が、自分以外におったのか』と」

森岡は「我々の需要予測が精密なのは、**時間と距離抵抗を読む**からだ」と明言する。テーマパークにせよ商業施設にせよ、目的地までの距離の受け取り方は人それぞれ。遠くても飛行機で行けるなら近いと感じる人もいるだろう。

千差万別の〝距離〞への抵抗感――。

「これを数学的に計算するのは不可能だと

いわれてきたが、**統計学的に処理**してしまう方法を彼（今西）は思いついたんですよ」と森岡は感服する。のちに刀へと続く物語は、森岡と今西の「奇跡の邂逅《かいこう》」から始まった。

数学で需要予測ができることに確信を得た森岡は、それを実ビジネスに応用し、次第に頭角を現していく。

まず森岡がつくったのが、商品やサービスの価格変動に対して需要がどのように変わるかを示す「価格弾力性」のアルゴリズムだった。

価格弾力性とは何か。例えば、２９８円の洗剤がある場合、10円値上げをしたら1個当たりの売り上げは増えるが販売数量が減る。一方、10円値下げをしたら1個当たりの売り上げは減るが販売数量が増える。値上げしたときに増える売り上げと、10円値下げしたときに下がる売り上げはシンメトリー（左右対称）ではないという。森岡が導き出したのは、このアシンメトリー（左右非対称）が具体的にどのような傾向になっているかだった。この理論がP＆Gの代表的な商品の販売で用いられ、大きな成果を出した。

森岡の数学マーケティングは、その後も次々と取り入れられるようになった。そして、成果が表れるたび、森岡を見る社内の目はみるみる変わっていった。かつての落ちこぼれの姿はもうそこにはなかった。

「『会社にいてもいいかな』という状態になり、徐々に『いてもらわないと困る』という状態に変わっていった」(森岡)

いつしか、森岡は社内で無二の存在になっていった。

森岡は振り返る。

「数学マーケティングは**体系的で他人にも伝えやすい**。しかし最初は、人に伝えるために数学で体系化しようと取り組んでいたわけではなかった」

始まりはそんな美しい話ではなかった。周りの中で自分だけがセンスがなく劣等感にさいなまれる日々。苦しく、極限まで追い込まれた末の、数学への大胆な路線シフトの決断が森岡を大きく変えた。

森岡のマーケターとしての人生は、実は試行錯誤の中からスタートしていたのだ。

外資ファンドもうなる「ホームラン」ハリポタ巨額投資450億円

数学マーケティングがその実力を大きく世間に示したのは、森岡の代名詞ともいえる実績であるUSJのV字回復だろう。2001年の開業時は年間で1000万人を超える客数を誇ったUSJだが、翌年以降に低迷。森岡がP&Gを退社してユー・エス・ジェイ（USJの運営企業）に移った10年度の客数は約750万人と厳しい状況が続いていた。厳しい経営環境下ではあったものの、森岡はパーク開業以来初となる巨額投資の必要性を声高に訴えた。

復活の鍵となったのは映画「ハリー・ポッター」エリアの開業（14年）だ。今や人気絶頂のテーマパークとなったUSJは、次々と新たなエリアを開業している。だが、当時は入場者数の減少に苦心する日々。そんな中で、大きな投資を伴う新エリアの開業は、当然リスクにもなり得る。

「おまえは正気で言っているのか」

マーケティング部長だった森岡の進言に対し、米国人の最高経営責任者（CEO）は、にべもなく言い放った。当時、同社の株主には米ゴールドマン・サックスを筆頭に、MBKパートナーズなど外資系ファンドが名を連ねていた。

森岡が求めた投資額は450億円。当時、USJの会社としての売上高の半分を上回る額だ。失敗すれば会社は揺らぐ。当初、森岡をヘッドハントしたCEOだけでなく、再建を推し進めるはずの外資系ファンドでさえ慎重姿勢だった。

それでも森岡はひるまなかった。投資に対するリターンが見込める自信があったからだ。その自信の根拠となったのが、数学マーケティングだ。巨額投資をした後のリターンの確実性を高めるため、森岡は自身が予測するだけでなく、今西にも需要予測を依頼していた。条件が異なるアプローチで予測し、しかもその内容は互いに明かさない。予測によって算出するのは、エリア開業後1年で入場客がどれだけ増えるかだ。

それは緊張の瞬間だった。

結果次第では、巨額投資の根拠は揺らぎかねない。この投資は実行すべきか否か。当時の森岡にとって、ビジネスマン史上最大の賭けであり挑戦でもあった。

「いっせのーで」で見せ合った2人のメモにはこう書かれていた。

「210万人」

「240万人」

緊張でこわばっていた2人の表情が一瞬にして崩れ、満面の笑みに変わった。

少なくとも200万人の入場客を呼び込める可能性はかなり高い——。森岡はそう読んだ。「メモをみた瞬間に『ああ、同じだ』って。森岡くんはえらい喜んでいた」(今西)

「客数は大きく伸ばせる」

「ハリー・ポッター」エリア開業当時のUSJの入場券は大人1人6980円。入場客が年間200万人増えるとその効果は、入場料金だけでも単純計算で140億円にのぼる。あらゆる角度から需要を計算し、緻密な予測を立てる。450億円の投資に対し、

■USJ入場客数は森岡が退社する2017年までに約2倍に

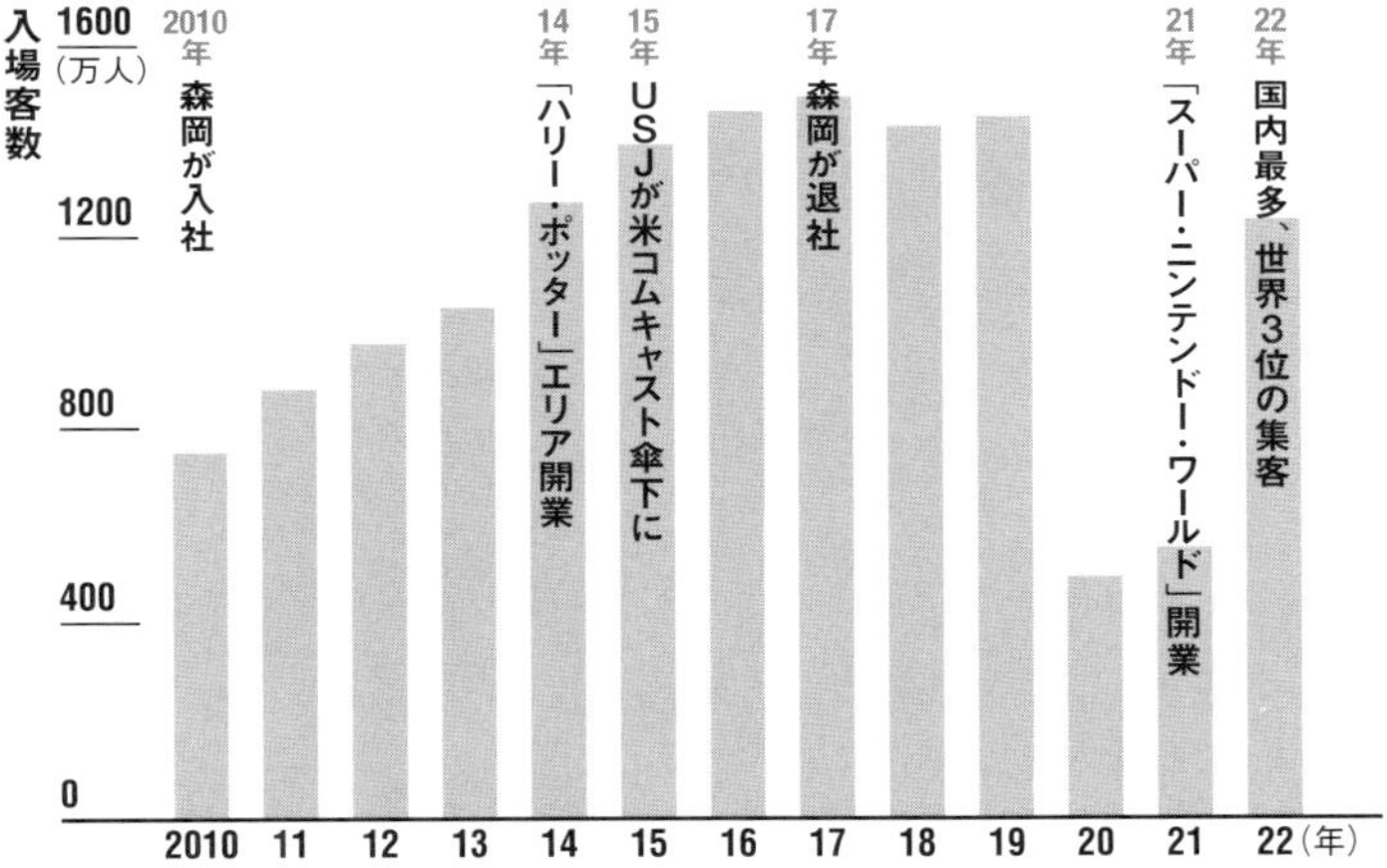

出所：2017年以降はThemed Entertainment Association
注：16年までは年度集計、17年以降は1～12月期の数字

森岡が回収できるとみた額は１０００億～２０００億円。明らかに投資額より需要が上回る未来が見えていた。

「必ず客数は大きく伸ばせる」

数学マーケティングを使った予測を基に訴え続け、最終的に同意を取り付けた。

ＵＳＪは社運を賭けた大型投資を断行し、14年7月にハリー・ポッターのエリアをオープン。開業1年で入場客数は２９０万人増え、16年の年間入場客数は10年比で2倍近い１４００万人超になった。

「ハリー・ポッター」エリア開業年となった14年度のユー・エス・ジェイの業績は、売上高が前年同期比44％増の１３８

5億円、営業利益は61％増の390億円増と大幅な増収増益となり、いずれも過去最高を記録した。

13年に250億円を投じてUSJの株式を取得したアジア系ファンドのPAGは17年にエグジット（投資回収）。同社マネージングディレクターの橋本昭紀は、「（リターンが数倍超となる）**ホームラン案件**だった」と振り返る。USJが米メディア大手のコムキャストの傘下に入った15年時点で、企業評価額は約7000億～8000億円になっていた。07年の上場時の約7倍だ。

PAGは12年、日本でプライベート・エクイティファンドを立ち上げたばかり。USJの株式取得はその第1号案件だった。最終的に大きなリターンを生んだ案件だったものの、ハリー・ポッターエリアへの巨額投資に対しては、USJ社内で幹部らがすぐに首を縦に振らなかったように、PAGも「当初は非常に懐疑的だった」（橋本）。日本全国を見渡しても、首都圏にある東京ディズニーリゾートは例外として、当時、地方のテーマパークで成功した例はほとんどなかった。USJが厳しい運営を余儀なくされてきた経緯も見てきた。

それでも株式取得を決めたのは、森岡ら経営陣が緻密な数字による予測をして、「目標とする結果になる可能性が高いと考えた」からだ。「テーマパークという特殊なビジネスが数式で説明され、金融の世界にいる私たちにも理解しやすかった」と橋本は振り返る。

USJの「ハリー・ポッター」エリア。海外からも多くの入場客を呼び込んだ（写真＝共同通信）

そしてＰＡＧが、再び「ホームラン」を狙うのがハウステンボス（長崎県佐世保市）だ。22年9月、エイチ・アイ・エス（ＨＩＳ）と地元企業から約１０００億円で買収した。ＰＡＧの橋本は「刀と組んでやりたいと考え、始まった構想。彼らと一緒につくった経営戦略を踏まえて買収を決断した」と明かす。保有期間はＵＳＪのときよりも長く「5年以上」を想定する。長期保有で企業価値を最大限に高め、2発目のホームランを狙う考えだ。企業価値をどこまで引き上げられるか。国内3位のテーマパークの復活に注目が集まる。

その判断は本当に正しいか 問い続ける「真実の番人」

高い精度の需要予測に不可欠なのが、基となる正しいデータだ。選ぶデータを間違えれば、導き出す予測も間違う。正しいデータをどのようにして選ぶのか。刀では需要予測を専門にするインテリジェンスチームが存在し、選ぶデータが正しいかどうかを常に問い続けている。

「USJのEBITDA（利払い・税引き・一部償却前利益）マージン率は50％近くで、

（東京ディズニーリゾートを運営する）オリエンタルランドより10ポイント以上高かった」

森岡は、自身が在籍していた頃のＵＳＪについて、こう証言する。ＵＳＪがオリエンタルランドに比べて高い利益率を出せたのは、需要予測の精度が高かったからだ。森岡がいた頃のＵＳＪの需要予測の精度は約97％。オリエンタルランドだけでなく、**「米国のユニバーサル・スタジオも、これほどの精度はなかった**」と森岡は自負する。

需要予測が正しければ事業の効率化が図れ、コスト削減につながる。利益率が高められるのは、無駄を極限まで省けるからだ。正しい需要予測ができると、パーク内に配置すべきスタッフの数をはじき出せる。過剰に配置する必要がなくなり、人件費を抑えられる。飲食店や土産店も同様だ。用意するメニューの数や陳列すべき商品数を過不足なく用意できる。「品切れによる販売機会ロスだけでなく、在庫リスクが小さくなる。需要に費用をぴったり合わせることができる」と森岡は語る。

刀が誇るインテリジェンスチームが正しいデータを導き出すとともに、意思決定や事業の見通しが本当に正しいかを客観的に判断する。『真実の番人』であることが私たちの役割」と同チームに属する河合桃子は言う。

では、はじき出した数字をどう活用するのか。

そこに、刀の強みであるチーム力が発揮されている。刀では、事業を担当するマーケターが、需要予測をするインテリジェンスチームと密に意思疎通をして戦略を練る。

「このエリアからの客数をあと1000人増やすためには認知をどれだけ増やせばいいですか」

「このイベントに追加投資したら、客数はどれだけ伸びますか」――。

各担当がインテリジェンスの担当に尋ねるのは日常茶飯事だ。インテリジェンスチームの担当者は「そこまで投資しても客数増は見込めない」とブレーキをかけることも多い。予測を基に、その判断が正しいかどうかを問う。

よくありがちな、「(ハードやソフトを)つくって終わり」、「プロモーションを打って終わり」は、この場には存在しない。予測が外れれば、すぐに要因を分析する。刀が運営するテーマパーク「イマーシブ・フォート東京」の週間入場客数は、予測が外れると、翌週にはインテリジェンスチームがその分析を出してくる。その分析でも、真実の番人である担当者とマーケターが議論を深めて検証し、翌日以降の予測やイベント・プロモーションなどに反映させて、より精度を高めていくのだ。

毒入りデータに注意せよ

細かな分析を担うインテリジェンスチームだが、大きな視点からも正しさを追求している。

「人間は感情の生き物であるとの前提に立つ」

河合はこう強調する。会社のエゴ、経営者のエゴから生まれた事業やアイデアではないのか。何らかの利害関係によって判断がゆがめられていないか。担当者であるあまり、感情が入りすぎて事業の見通しが甘くなっていないか。どこの会社にもありそうな事例に対し、刀のインテリジェンスチームは「本当に正しい意思決定ですか」「本質的に正しいですか」と問い続ける。

例えば、刀が運営するグランピング施設「ネイチャーライブ六甲」。同施設の立ち上げ時、世間ではサウナが流行していた。全国の他のグランピング施設ではサウナ導入によって集客につなげている事例が多くあり、同施設でもサウナ導入案が浮上した。だが、数カ月にわたって議論や検証をした結果、サウナは施設の体験価値をさらに高めるものにはならないと判断。ネイチャーライブ六甲では、六甲山の中だからこそできる、緑の自然の中でアウトドア料理を客が作る体験などにフォーカスすべきとの結論に至った。安易に流行に流されず、施設の本質的価値とは何かを考えて投資を判断する。インテリジェンスチームは、常に目の前の提案が正しいのか、疑問を投げ続ける。

21世紀は「データの世紀」と言われる。足元では生成ＡＩ（人工知能）の活用も進んでいる。あらゆる企業がこの波に乗り遅れまいとＡＩを積極的に導入するが、データを選ぶプロセスで主観が入っていないか。そもそも、ＡＩにどんなデータを入れるかは人間に委ねられている。

「需要予測のモデルは修正を重ねるので、昨日よりも今日はより賢くなる。そして明日はもっと賢くなる」

森岡の言葉だ。そしてこうも言う。

「失敗したプロジェクトのデータほど早く消される傾向にある。本来、こうしたデータもAIに食わせる必要があるが、実際は、都合のいい偏ったデータしか食わせていないことが多い」

実態と異なるデータを森岡は「毒入りデータ」と呼ぶ。そんなデータが導き出すのは上振れした予測だ。楽観的なデータを基にした予測は楽観的になる。**「需要予測は保守的でなければならない」**と森岡は数字に厳しい。正しいデータを入れれば日々、需要予測は進化する。インテリジェンスチームとマーケターが意思疎通を重ねながら、刀の需要予測は日々磨きをかけ、高い精度を導くようになっていく。

かつて「かわいいが分からない」と悩んだマーケターは、人とは異なる得意分野を活用し、別ルートでさらなる高みを目指した。挫折をバネに唯一無二のスキルを身に付けた森岡は、いつしか希代のマーケターと呼ばれるようになった。

ハウステンボスを約1000億円で買収したアジア系ファンドのPAG。橋本昭紀氏は、森岡氏がV字回復を導いたかつてのユニバーサル・スタジオ・ジャパン（USJ、大阪市）への投資を、リターンが大きい「ホームラン案件」だったと語る。ハウステンボスへの投資で再び刀とタッグを組んだ橋本氏に、その狙いを聞いた。

ハウステンボスで2発目の「ホームラン」を狙う

PAG マネージングディレクター

橋本昭紀氏

はしもと・あきのり。外資系の大手証券会社で投資銀行業務に携わった後、2012年からPAGの日本法人。映画「ハリー・ポッター」エリア開業前の13年にユニバーサル・スタジオ・ジャパンへの投資を主導し、大きなリターンを得た。（写真＝北山宏一）

──PAGは2013年にUSJの株式を250億円分取得し、17年にエグジット（投資回収）しました。USJ時代、森岡氏と初めて会われたときの印象を教えてください。

あの頃から森岡さんの自信と覇気は変わりません。自信を持って言い切るという意味で日本でも珍しい経営者でしょう。こういう策を打つことによって、こういう結果が生まれる、あるいはこういうブランド戦略につながる。だからやるべきだ、と。どのように結果を導き出していくかの考え方は当時から明快でした。

当初、実は懐疑的な見方をしていた時期もあります。USJは過去を振り返ると何度も厳しい時期があったからです。しかし、そうした中でも森岡さんや経営陣と話をすると印象が変わっていきました。

例えば、（450億円を投じた）「ハリー・ポッター」エリアも、どういったストーリーの中で考えられた投資なのかを聞くと、結果につながる可能性が高いだろうと（投資を）決断することができたのです。USJが非常に緻密に数字に落とし込んで経営判断をしていることが理解できました。

ＵＳＪに続く案件を探していた

――ＵＳＪの企業評価額は株式上場の話が浮上した15年に7000億～8000億円程度あるといわれていました。07年の上場時の約7倍です。ＵＳＪ株への投資に対するリターンはどの程度でしたか。

（リターンが数倍になる）「ホームラン案件」になったのは間違いありません。私たちは12年に日本でプライベートエクイティ（ＰＥ＝未公開株）事業を立ち上げ、ＵＳＪはその1号案件でした。結果、当社のＰＥ事業に大きく貢献してくれました。関わることができて非常によかったです。

――そして企業価値の最大化を目指し、今度は22年秋に、長崎県佐世保市のハウステンボスを約1000億円で買収しました。経緯を教えてください。

ＵＳＪの株式を手放してエグジットした17年ごろから、似たような形でテーマパークに投資をしたいとの思いを持っていました。そこで目を付けたのが、日本で3番目に大きいパークであるハウステンボスでした。当時の持ち主は（旅行大手の）ＨＩＳ（エイチ・アイ・エス）です。同社にとってパーク事業はコア事業ではありませんので、売却を検討してもらえないかと提案を続けてきました。売却提案はおそらく複数社が打診をしていた。私たちは新型コロナウイルス禍になった後も継続して積極的にアプローチしていました。そこが買収につなげられた理由だと考えています。

「数字で描く戦略は金融関係者にも理解しやすい」

——ＰＡＧは、ハウステンボスの運営支援についてＵＳＪを再建させた森岡氏が率いる刀に依頼をしました。

20年ごろに、経営戦略を刀と検討し始めました。買収をすればコンサルティングをする会社などと組んで戦略を考えることになりますが、私たちは最初から刀と組みたいと考えていました。本来、エンターテインメント分野であるパーク事業は特殊なビジネスであるため、つかみどころがない。

しかし、刀はそうした事業の成長性も数字で示してくれます。数字で成長戦略を描ければ、私たちのような金融の世界にいる者でも非常に理解しやすくなり、投資判断がしやすくなります。数字で分析できれば、私たちも気持ちよく後押しできます。

（森岡さんの）数字による分析や予測は、ＵＳＪ時代に比べて圧倒的に説得力が増しているように感じます。刀を起業後、数多くのエンターテインメント施設を再生させてきた中で蓄積もあったのでしょう。まさに森岡さんが積み上げてきたものであり、最大の強みになっている。豊富なノウハウの蓄積があり、刀はパーク業では間違いなく日本一の会社でしょう。

――ハウステンボスも、ＵＳＪと同じような成長を目指しますか。

はい、期待しています。ハウステンボスは一言で表すなら、これまでブランドがかすんでいました。投資もあまりされてこなかった。花やイルミネーションにフォーカスしてブランドがつくられてきましたが、消費者にとっては少し物足りなかったのではないかと思います。

ハウステンボスのポテンシャルを最大限引き出すために、まず必要なのは魅力的なブランドづくりです。ハウステンボスに来れば、何が体験できるのか、何が楽しめるのかを分かりやすく伝えることが必要です。そのためにも今後、PAGとして数百億円規模の投資をしていく考えです。

入場客数300万人は通過点

――ハウステンボスは足元で約170万人の年間入場客数を2倍近くの300万人まで増やす計画を明らかにしました。

まずは300万人をめどに頑張りますが、この数字はあくまで通過点です。ハウステンボスは開業当初、500万~600万人が訪れる想定で建設されたこともあり、その程度の集客はできるのではないかと考えています。

――株式の保有期間はどのくらいを考えていますか。

最低でも5年です。ＵＳＪよりも保有期間は長くなるのではないかと見ています。大型アトラクションを導入する方向なので、完成させて消費者に提供するところまで考えると最低でも数年はかかるからです。

ハウステンボスを九州、さらには日本を代表するグローバルテーマパークにしたい。そうしたレベルまで持っていくには少し時間がかかると思います。その間、ＰＡＧとしてもしっかり投資をしていきます。

第3章

異端経営者の月旦評《げったんひょう》

目的へ一直線に突き進む森岡をつくった「原点」

「松山さん、これに大義はありますかね」

今から30年近く前。P&Gの日本法人に在籍していた松山一雄（現アサヒビール社長）は、後輩だった若かりし頃の森岡にそう尋ねられてドキッとした。事業の目的、意味、価値……。「入社1、2年目くらいから、**経営者が口にするような言葉を使って**いて驚いた」と松山は振り返る。

「**経営者の視点で物事をドライブしているように見えた**」

そう振り返るのは、かつてUSJとチケット販売で連携していたローソンの社長で、現ロッテホールディングス社長の玉塚元一だ。このとき、森岡は30代後半でUSJのマーケティング部長。森岡は、USJの将来ビジョンに向けて明確に戦略、戦術を説明してみせた。「非常にインプレッシブだった」。玉塚はそのときの様子を今も鮮明に覚えている。

大局的な視点に立ち、物事の本質を捉え、いったんやると決めれば、どんな障害があろうと最後までやり切る。その底知れぬパワーはどこから来るのか。

物事を突き詰める姿勢は子供時代からあった。大好きだった釣りに集中すると夜が更けたことさえ忘れてしまう。心配した親が探し回ったことは幾度とある。学校の図書館の本は片っ端から全部読んだ。

友人の死

生きる意味を深く考えさせるきっかけになったのは、1995年に発生した阪神・淡路大震災だ。神戸大学の学生だった。いつもキャンパスから見下ろしていた神戸の街が崩れ、赤く燃えていた。そして、関連死を含めて6000人以上の犠牲者を出す大災害は、大学の友人の命も奪った。友人の亡きがらを前に、人の命のはかなさを痛感した。

「自分は何のために生きるのか」。身近な人の死は、若い森岡に大きな問いを投げかけた。

大学卒業後に入社したＰ＆Ｇではすべてが順風満帆だったわけではない。

20代でヘアケア商品「フィジーク」のブランドマネージャーを任された。米Ｐ＆Ｇ本社のトップ肝煎りのプロジェクトだ。だが、それは誰が見ても、「絶対にうまくいかない」事業。会社の命令には従わざるを得ない。森岡はやり場のない気持ちをこらえながら、部下には「必ずうまくいく」と言い続けた。

結果は予想通りとなり、チーム解散の憂き目に遭った。経験したことのない悔しさがこみ上げてきた。そして、強く思った。**「結果を出さねば、誰も守れない。どんな難しい戦局であろうと、やる限りは結果を出す必要がある。結果を出すためには何が何でもできることはすべてやらねばならない」**

勝率を上げるにはどうすればいいのか――。それ以来、本気で考えるようになった。得意だった数学を生かし、独自のマーケティング理論を構築。Ｐ＆Ｇの世界本社への異動を命じられるほど、めきめきと頭角を現していった。

２０１０年、ＵＳＪ社長だった米国人弁護士のグレン・ガンペルがＰ＆Ｇで圧倒的な成績を残していた森岡に目を付け、ヘッドハンティング。ＵＳＪの再生物語はここから始まった。

嵐が来たようだった――。

01年の開業時からＵＳＪにいたある社員は、森岡が転職してきたときのことをこう振り返る。森岡はこの頃、37歳。若さも相まって、今以上にエネルギーに満ちあふれていた。

あまりに元気が良すぎた。これでは周りの社員との摩擦が大き過ぎて、森岡の良さを引き出せない。調整役の財務担当者を新たに採用しようと入社してきたのが、現刀ＣＦＯ（最高財務責任者）の立見信之だ。

「事前に聞いた森岡の評判はネガティブだったから、とんでもない人なんだろうと思っていた。しかし、彼と会ったとき、いきなり『僕はモンハン（モンスターハンター）のイベントがやりたい』と勢いよく話し出して。面白いなと思ったのが最初の出会い」

チャレンジする大切さ

「ユニバーサル」という外資の看板を掲げたユー・エス・ジェイは、外からのイメージとは裏腹に、実態は旧態依然とした伝統的な日本企業のようだった。森岡は結果にこだわらず、チャレンジすることを推奨する表彰制度を設け、変化を望まない社員に、失敗を恐れずバットを振ることの大切さを伝えた。

共にチャレンジをして、それが結果として表れ、社員の自信へと変わっていく。「できる」と分かると社員は次第に自ら動くようになっていった。それまでは成長する術《すべ》を知らなかっただけ。どんな企業も正しいマーケティングを身に付ければ変われる。のちの刀のコンサルティング事業の原型はここにある。

森岡は、これだと思えば一直線に向かって目標にまい進していく。その姿勢は、USJでも際立っていた。

「あなたたちは地元経済の発展を本当に願って事業をやっているんですか」

誘客対策で協力を求めにいった地元の大手インフラ企業で、前向きな態度を示さない相手にこう言い放ったこともある。ＵＳＪの式典で事前に出席の約束を取り付けていた関係省庁の幹部が態度を翻意すると、庁舎まで乗り込んだ末に出入り禁止を食らったことも。ときに失敗もあったが、それ以上に果実は大きかった。

「ルーモス！」

14年春、４５０億円の巨額を投資した「ハリー・ポッター」エリアの開業前の記念式典。そこには当時首相の安倍晋三と駐日米大使だったキャロライン・ケネディの姿があった。これ以上ない大物ゲストを呼び、新エリア開業のニュースは全国を駆け巡った。関西中心だったＵＳＪの客層は全国に広がり、インバウンドも呼び寄せた。

ＵＳＪを映画専門でなく、アニメや漫画も含む多様なコンテンツを用いたテーマパークへと変える過程では、ＩＰ（知的財産）を保有する企業や作家に自ら打診。自ら車を運転するなどして、身一つで頼みにいった。「日本のコンテンツは世界でもっと評価されるべきです」。森岡の強い思いに共感した任天堂やカプコンなどが快諾した。

「沖縄は将来、日本の観光の中心になる。ここには大きな可能性がある」

25年に「ジャングリア」の開業を控え、マスコミの前で沖縄の可能性についてよく言及する姿を見る読者も多いだろう。だが、ＵＳＪ時代から森岡を知る刀の同僚たちは「森岡の言葉はＵＳＪが沖縄パーク構想を持ち始めた11年ごろから変わらない」と口をそろえる。

「沖縄のポテンシャルがなくなったわけではありません」

ＵＳＪで沖縄パーク計画が中止になった際、その理由を記者らに問われた森岡は、これは会社として正しい判断だと答えた。しかし、内面は悔しさでいっぱいだった。あふれそうになる思いを懸命に隠し、国や沖縄の地元関係者に謝罪に行った先でこう伝えた。「会社の方針は変わりましたが、決して、沖縄の魅力が薄れたり、ポテンシャルがなくなったりしたわけではありません。沖縄には大きな可能性があります」

17年に仲間ら数人と刀を立ち上げ、森岡らは再び沖縄パークへと動き出した。資金集めは、新型コロナウイルス感染症の拡大やウクライナ危機で困難を極めた。それでも、創業から5年もたたないスタートアップは、22年夏、約７００億円の事業資金にメドを付けた。

23年2月上旬、沖縄県名護市のパーク予定地でジャングリアの起工式が開かれた。森岡は、オリオンビールなど地元企業の社長や沖縄県知事など100人以上を前にこうあいさつした。

「**この事業はゼロから始まった**んです。これまで助けってくださったみなさま、本当にありがとうございます。僕たちの力だけではここまで来られなかった。今日やっと、鍬が入ったんです。本当にここに来るまで長かった」

感極まった森岡は自らを律するように続けた。

「しかし、まだパークは建ってさえいません。僕たちはまだ何も達成していない。ここから先はもっと大変でしょう。**パーク完成後もこの物語は続いていくん**です」

ようやく開業間近になったジャングリアだが、森岡に達成感を感じる余裕は一切ない。水面下では次の複数の事業に向けて動き出している。

希代のマーケターにして異端の経営者、森岡毅を周囲はどのように見ているのか。著名経営者に、森岡の月旦評を聞いた。

森岡さんは『世界制覇』を目指している

アサヒビール社長
松山一雄氏

まつやま・かずお。1960年、東京都生まれ。青山学院大学文学部卒。鹿島、サトー（現サトーホールディングス）を経て米ノースウエスタン大学ケロッグ経営大学院で経営学修士（MBA）取得。93年に現P＆Gジャパンへ。99年、チバビジョン（現日本アルコン）、2001年、サトーHDに再入社して11年に社長就任。18年にアサヒビール入社。19年から専務取締役マーケティング本部長。23年3月から現職。森岡氏とはP＆G時代に出会った。（写真＝的野弘路）

アサヒビール社長の松山氏にとって森岡氏は、プロクター・アンド・ギャンブル（P&G）時代の後輩にあたる。新卒入社時の森岡氏を知る貴重な人物だ。若かりし頃の森岡氏はどのような存在だったのか。

――P&Gでは後輩にあたる森岡さん。松山さんのことを「みんなの兄貴だった」と話しています。

ああ、私だけ、年齢が突出して高かったんですよ。P&Gって基本的に新卒で入るんですけれども、私は33歳で中途入社しました。周りはみんな20代ですから、年齢的に兄貴だったということですよ。私がブランドマネジャーをしていたとき、森岡さんは、新入社員として入ってきました。

すごい新人が入ってきた

――森岡さんは、どういう方でしたか。

本当に今のままですよ。新入社員っぽくないといいますか、最初から自分は何のために働くのかということを深く考えるタイプでした。根がまっすぐで、頭もすごくいいし、やる気もある。**すごい新人が入ってきた**な、という感じでしたね。

特にびっくりしたのは、彼の言葉です。「これって大義ありますかね、松山さん」。大義とか、意味とか、価値とか、経営者が口にするような言葉を、入社1、2年目の頃から使っていました。

彼は、数学が好きなんですよ。こういうふうにしたら、このぐらいの効果があるはずだ、というのを、数式で見せてくれましたね。「**月初の数日の動きを見ると、だいたい予測できる**」と言って。今よりはプリミティブ(粗削り)でしたけれども、数学を使って貢献したいという思いは、非常に強く感じましたね。

――そのときから数学マーケティングを磨いていたんですね。

それはもう徹底的にやっていました。でも、ブランドマネジャーは、左脳的なアプローチだけでは結果が出ない。消費者をどう理解するか。**感性、情緒、感情、インサイト**

といったところも、彼はかなり深くいろいろな人に教えを請うていたと思います。

――松山さんはマーケターであり、経営者でもあります。森岡さんのマーケティング能力や経営手腕をどのように見ていますか。

彼の、刀の経営者としての実績を見ていると、マーケティングは経営そのものというのを実践していると思うんですね。

驚いたのは、丸亀製麺さんのブランド再建です。あのとき、森岡さんは丸亀製麺さんの強みや、価値の源泉がどこにあるのかと、おそらく徹底的に考えたんでしょう。それで、粉からお店でうどんをつくっていることを見いだした。森岡さんは、そこにすべての価値の焦点を持っていきましょう、と行動した。あれを見たときに、**非常に骨太**だな、と。

――「ここのうどんは、生きている。」というフレーズですね。

そうです。本質論ですよね。**テクニックでごまかさない**といいますか。私も、唯一無二の価値があれば、それが特に消費者の心を動かすような価値であれば、それで一点突破していくというのが、一番分かりやすいでしょうか。

消費者が、そのうどん屋に行く理由は何なのか。味だけで比較すると、好き嫌いもあるし、おそらく今はどこのチェーン店もおいしいじゃないですか。ビール業界もそうです。だからこそ、（アサヒビールの）「スーパードライ」にしか出せない価値をいかに押し出すかと考えて、私もずっとブランディングしてきました。

ただ、私はあまり数理モデルは使いません。必要があったら詳しい人にお願いして、裏取りをしてもらうことはありますが、自分自身は、彼ほど数学ができないので。

「真実の瞬間」を捉える

――消費者の心を動かす本質的価値をつかみ、掘り下げていくのは多くのマーケターが意識していると思います。そこに数理モデルを掛け合わせるのが、森岡さんの独自性でしょうか。

まさに、そこが森岡さんの独自価値で、彼の強みの一つだと思いますね。数学だけだと、本質にはなかなかたどり着けない。だって、数学的に考えても、粉からお店でうどんをつくることが価値の源泉であるなんて、導けないじゃないですか。現場に行って分かったということでしょう。

そういう「**真実の瞬間**」というものをきちんと捉えながら、裏でそれをビジネスモデルに昇華するときに、彼は数学を使うんですよ。ＵＳＪの入場客数予測も、様々なパラメーターを持っていて、条件を全部入れていくと、このぐらい人が来るはずだ、と。実際、結構当たっていましたよね。

——数学マーケティングと消費者を理解する力、その両方を併せ持った人というのは。

彼以外、見たことがない。私も戦略寄りですから。

——これまでの刀の成果をどのように見ていますか。

まだたぶん、道半ばでしょう。直接、本人に聞いてはいないですけど、彼が描いているビジョンは、**世界制覇**だと思いますよ。ものすごく大きなことを考えていて、それを**ただ言うだけではなく、一つひとつのプロジェクトの中で証明していっている。**

たぶん彼の中にはある程度ビジョンがあって、バックキャストしているんだと思います。そこが面白いところですよね。

——常々、「マーケティングで日本を元気にしたい」と口にしています。

日本をもっと元気にするために、彼は本気で今、取り組んでいる。私もアサヒビールというこの会社発で、やっぱり日本を元気にしていきたいと思っています。やり方は違うけれども、何となく考えていることは結構、近いのかな。当然、是々非々ですけれど、いい意味で協業できる機会があったら一緒にやってみたいと思っています。

森岡さんには、いろいろな雑音を気にしないで、「**森岡ウェイ**」をどんどん突き進んでほしい。心の底から応援しています。

——「沖縄の次は世界」と発言していました。

そうですか。じゃあ、ファンの一人として応援していますと言っておいてください。
直接言うのはなんか照れくさいので。

物事を理解する努力が飛び抜けている

ロッテホールディングス社長

玉塚元一氏

たまつか・げんいち。1962年、東京都生まれ。慶應義塾大学卒業後、旭硝子(現AGC)、日本IBMを経て、ファーストリテイリングに入社。2002年に同社代表取締役社長兼COO（最高執行責任者）に就任。05年にリヴァンプを創業し社長に就任。その後、ローソン社長などを経て、21年6月より現職。(写真＝的野弘路)

ロッテホールディングス社長の玉塚元一が初めて森岡と出会ったのは、ローソン社長だった2010年代前半ころ。ローソンがチケット販売でUSJと連携し、森岡氏と接点があった。森岡氏は玉塚氏に強い印象を残したようだ。

最初にお会いしたときに、「おおっ」と、とてもインプレッシブだったのを覚えています。森岡さんは、USJの入場客数は今このくらいでいついつにこのくらいにしますといった明確なビジョンを話していた。さらに、ビジョンに向けての戦略、戦術まで詳しく説明されていました。

彼が際立っているのは、**ある領域について非常に深く理解する力**があるのと、その**理解しようとする努力の仕方が飛び抜けている**ところです。

(近くにあったペットボトルのお茶を手にして) 例えば、このお茶をもっと売っていくという話になったとします。

静岡のお茶だったら、パッと静岡まで行って、茶畑の人たちと膝をつき合わせて話す。お茶の摘み方から味に至るまでいろいろ説明を聞く。そして自分で食べてみたり、売り場にも行ったりして、ああでもない、こうでもないとやる。そんなイメージです。そのくらいのレベルまで突き詰めるから、**出てくる仮説が深い**。

こんなふうに問題解決のためのポイントを見つけ出したとしても、それを具現化するのは非常に難しい。これを、彼は**様々なタイプのプロフェッショナルを巻き込んで実現**させる。そうしたチーム運営能力とリーダーシップにたけている。

「ジャングリア」のような時間軸が長く、巨額資金も必要なプロジェクトは、投資家などステークホルダー（利害関係者）への説明が重要ですが、それを伝える**コミュニケーション力もずばぬけている**と感じます。

いくつものプロジェクトを手掛けていて、相当忙しいと思いますよ。それでも、一切妥協なく、理解しようと突き詰めるし、アウトプットを出し続ける。出現率の低い人材だと思います。本当のプロですね。

熱く夢を語り 姿勢が全くぶれない

大和証券グループ本社社長 荻野明彦氏

おぎの・あきひこ。1989年、早稲田大学理工学部卒、大和証券入社。98年、住友銀行との合弁投資銀行の設立準備委員会事務局。2010年、大和証券グループ本社経営企画部長、14年、執行役員。20年、取締役専務執行役、22年に同執行役副社長、24年4月から現職。（写真＝陶山勉）

証券大手3社の一角である大和証券グループ本社は2020年、140億円を刀に出資すると決めた。当時、刀はまだ創業3年目。専務執行役時代に刀との資本業務提携についてまとめたのが荻野明彦社長だ。（※取材は副社長時）

森岡さんの特徴は、**クールヘッドにウオームハート**。正確な需要予測をする独自のマーケティングのノウハウを持ちながら、熱く夢を語り、**その姿勢が全くぶれない**。最初に会ったときから、その姿勢は変わっていません。

出資を決めたのは、その頃には既に黒字になっていて、さらに伸ばせるだろうと思ったからです。コロナ禍前、観光産業は年10％の成長率で伸びる成長産業だったという背景もあります。

社内には「なぜ刀に出資するのか」といった意見もありました。だから、当時の社長を沖縄の現地に連れて行って、会長にも直接、森岡さんに会ってもらいました。

これまで4年ほど刀の取締役として森岡さんたちと頻繁にコミュニケーションを取ってきました。そこでの社内の議論の様子を見ていると、彼は**相手の意見に耳を傾ける度**

量も持ち合わせていることが分かります。（※荻野氏は大和証券グループ本社の社長就任時に刀の取締役を退任）

私にも、例えば金融の話などで「荻野さん、私はこう思うんですけど、どう思いますか」と聞いてきます。おそらく、分からないことを聞く姿勢は私に対してだけではなく、若い人にも同じだと思います。要は、自分の得意でない分野について、**素直に人の言うことを聞き入れる**。

刀という組織は、森岡さんを頂点にしたワンマン経営に見えているかもしれないですが、実際は**各メンバーをリスペクトした組織運営**になっている。あとは、社員の人たちがとても楽しんで仕事をしている点も特徴的ですね。

証券会社としては、世の中で必要とされる事業に資金を回して、経済を活性化させて社会に貢献する。それが私たちのミッションです。そうした意味では、刀が取り組む事業は、社会に寄与できる、期待できるビジネスの一つですね。

真面目で純粋
サラリーマン的な邪心がない

ロイヤルホテル会長

蔭山秀一氏

かげやま・しゅういち。1956年、大阪府生まれ。79年、神戸大学経済学部卒。住友銀行(現・三井住友銀行)に入り、一貫して関西の法人営業を手掛けた。14年、副頭取。17年からロイヤルホテル社長。23年から現職。(写真=菅野勝男)

森岡氏がＵＳＪに在籍した頃、蔭山氏は取引金融機関の三井住友銀行で同社を担当していた。驚くほどみるみると業績が改善していくＵＳＪで、その仕掛け役として森岡氏の存在があったことに後になって気付いたという。

ＵＳＪの入場者数を高精度で予測することについて、**当初は本当にそんなことができるのか**と半信半疑でした。しかし、その後、どんどん入場者数が増え、予想が思い通りに当たっているのを目の当たりにしたのです。非常に驚きました。マーケティングの重要性についていても気付かされました。

彼のＵＳＪ時代の後半には親しく話をするようになって、彼も私も同じ神戸大学の出身だったから、「君は一生、（年上の）僕を抜けないからな」なんて話したこともありましたね。

私が銀行を退職してロイヤルホテルに移って、彼が刀を創業した頃でした。彼がやってきて「ロイヤルホテルのマーケティングを任せてください」と言うから、「どうせ高いんやろ」と返すと、「先輩価格で割引しておきます」と言ってたな（笑）。そもそも、金額的に無理やという話になりましたけれど。

彼には、**サラリーマンの邪心のようなものが全くない**です。普通、サラリーマンだったら、これをやったら、後ろから批判が飛んでくるのではないかなどと心配して、周りを見た上で当たり障りのない言動をしますが、そういうのがないんです。

強い信念に基づいて発言しているし、**驚くほど純粋で真面目**です。純粋というのは、物事をとことん突き詰めるところがあって、**良い意味で「オタク」**です。

最近、経済界ではマーケターが増えていて、大手企業の社長に就く人も増えてきました。ただ、森岡くんは経営者になりたいというより、**自分のマーケティングのスキルを生かして貢献したいとの気持ちが強い**ように感じます。自分ができることを突き詰めて、それにまい進していく。サラリーマン的な上昇志向とは少し違いますね。そういう意味でも、純粋だと思います。

第4章

これが本当の消費者理解

「人は生の感動に反応する」だからVRより役者300人

辺りに充満する霧の先へと歩を進めると、視界に入ってきたのは江戸時代の花街だった。明かりの灯った街を法被や着物をまとった人が行き交い、活気が伝わってくる。その場にたたずんでいると、自身を「流れ」という男が慌てた様子で声をかけてきた。

「ちょっといいか、一緒に立花屋に来てくれないか」

男に付いて花街を歩いていくと、揚屋の格子の向こうから、長い煙管《きせる》を吸いながら美しい花魁《おいらん》が目で誘ってくる。

これは東京・お台場に開業したテーマパーク「イマーシブ・フォート東京」のアトラクション「江戸花魁奇譚」の一幕だ。ここは入場料金以外の追加料金が必要になるが、完売が続く人気アトラクションになっている。

濃密な没入体験ができるアトラクション「江戸花魁奇譚」（写真＝イマーシブ・フォート東京）

イマーシブ・フォート東京では映画やドラマで見るような世界が現実として眼前に広がり、自らが登場人物として物語の中に完全没入できるテーマパークだ。客がどのように行動し、誰に何を話しかけるかによってストーリーが分岐し、結末すら変わる「イマーシブシアター」と呼ばれる世界最先端のライブエンターテインメントを核とする。

森岡率いる刀は25年に沖縄に開業するテーマパーク「ジャングリア」の準備を進めながら、この施設にも十分な人員を割き、構想を練ってきた。

最大の狙いは、「**テーマパークをアップデー**

トする」(森岡)ことにある。森岡いわく、従来のテーマパークは、アトラクションという〝**装置**〟を通じて、その場にいる全員が画一的な体験ができるように設計されてきた。例えば、USJを代表するハリー・ポッターのライドアトラクションを例にすると、「(乗り合わせた)何百人もの人が、ほぼ同じものを見て同じ体験をして、みんなが親指を上に立てる内容になっている」(森岡)。いつ誰がどこに座っても、同じクオリティーの体験と感動を提供する。

「これはこれで素晴らしいが、それよりももっと刺激が強いエンターテインメントがある。自分だけにしかない瞬間、自分だけにしかない物語が、自分を主人公にして進んでいく。それは、もはや『**体験**』**を通り越して**『**経験**』**になる**」(森岡)

江戸花魁奇譚は、1回の所要時間は約70分間で、入れる人数は最大30人。それに対し、演者は10人以上。イマーシブ・フォート東京の中でも演者との距離が近く、濃密な〝経験〟ができる点が売りだ。遊郭に招かれて花魁と肌が触れるほどの至近距離で接したり、とある事件現場を目撃したりするなど、人によって体験する内容は異なる。

それこそが英ロンドンで生まれ、米ニューヨークや米ラスベガスで一大旋風を巻き起こしているイマーシブシアターというライブエンターテインメントだ。

実際に見て触れる経験にはかなわない

キーワードは、「**ライブ・インテンシティー**」である。インテンシティーは強烈さや激しさと訳される。目の前で繰り広げられるライブ感ならではの刺激の強さを売りにする。巷では仮想現実（ＶＲ）や拡張現実（ＡＲ）といったデジタル技術が進化し、ゲームなどあらゆるコンテンツで消費を拡大させている。だが、森岡の考えは違う。いくらＶＲやＡＲ技術が進化しても、実際に見て触れて感じた経験にはかなわないと見る。

その際、ライブ感を生み出すのは人間だ。オーディションを通過した約３００人もの規模の役者を雇用し、プロの演出家を付けて指導。ゲストは舞台を鑑賞するよりももっと近い距離で繰り広げられる芝居を堪能できる。最先端の機器を使って世界をつくるのでない。生き生きと動く役者の表情、声、息づかいが、客をその世界へと没入させるのだ。

「**人は生の感動というものに関して、一番ビビッドに反応する生き物**。従来のテーマパークが持つライブ体験の良さを、思いっきり凝縮して進化させたものを世の中に生み出したい」（森岡氏）

足を踏み入れたゲストが100人いれば100通りの視点が生まれ、「百人百様」の物語が展開していく。リピーターとして再び訪れたとしても、前回と全く異なる視点で楽しめるメリットもある。欧米のイマーシブシアターでは少人数の客を相手にするスタイルが一般的だ。それでも森岡は、イマーシブ・フォート東京では「1日に千、万という単位の来場者数を目指す」と開業前に話していた。

「カウンター4席しかないすし店で、すしを握って初めて満足させられる。そんなイマーシブ体験を、千、万のゲストを迎えて実現するという、**まだ誰も想像していないビジネスモデルにチャレンジしたい**」（森岡）

イマーシブ・フォート東京のアトラクション開発を担当した刀シニア・クリエイティブ・ディレクターの津野庄一郎が最初にイマーシブシアターに出合ったのは10年ほど前に遡る。

ＵＳＪに在籍していた頃、津野は同僚の数人と共に、とある海外のイマーシブシアターへ視察に行った。

「おまえ、もっと大声で悲鳴を上げなければ、さらにひどいことをしてやるからな」

「ギャア！」

カーテンの向こうから聞こえるのは同僚の悲鳴だった。シルエットを見ると、メスのような道具を持った人間が横たわる同僚の頭になんらかの管を入れようとしている――。

津野がそこで経験したのは、「面白い」をも超えた衝撃的な恐怖体験だった。津野らはそれ以来、イマーシブ体験の魅力に取り憑かれた。

津野はイマーシブ・フォート東京以前に、イマーシブ体験の施設をつくったことがある。森岡がここまで自信を見せるのも、既に成功体験があるからだ。ＵＳＪで18年から19年にかけて「ホテル・アルバート」というイマーシブシアターを展開したところ、チケットが連日即完売になるほどの人気で話題を集めた。

西武園ゆうえんちでは23年5月から、「没入型ドラマティック・レストラン～豪華列車はミステリーを乗せて～」を投入。豪華列車「レヴァリエール号」のお披露目走行に招待され、食事を楽しんでいると殺人事件が起き、事件の容疑者にされるという内容だ。

イマーシブ・フォート東京では、ホテル・アルバートの制作総指揮を務めた津野と、それに加えて没入型ドラマティック・レストランの開発も率いた同クリエイティブプロデューサーの興山友恵がタッグを組んだ。津野によると「海外のイマーシブシアターは、アーティスティックな要素が非常に強い。クリエイター視点でつくられた、分かる人に分かってもらえればいいエンターテインメント体験になっている」。

一方、イマーシブ・フォート東京では、江戸花魁奇譚のような濃密な体験ができるアトラクションもあれば、若者や外国人を中心に幅広い世代で楽しめる漫画やアニメが原作のアトラクションもある。動画配信のネットフリックスで世界的にヒットした「今際の国のアリス」がテーマのアトラクションでは、首輪を装着して「デスゲーム」に挑戦する。

東京リベンジャーズの登場人物と共にゲームに参加できる
©和久井健・講談社／アニメ「東京リベンジャーズ」製作委員会

23年までのコミックスの累計発行部数が700万部を超え、アニメもヒットになった「東京リベンジャーズ」のアトラクションは、作中に出てくる不良勢力「東京卍會」のメンバーたちと共闘して謎を解いていく内容だ。体験終了後に東京卍會のメンバーのたまり場である喫茶「フラワー」で飲食すると、店員から「〇番で待ってるヤツいるか～？」とヤンキーならではの雑な言葉遣いで接客される。

既に日本のアニメ・漫画を好んで来場するインバウンド（訪日外国人）ゲストの姿も見られる。海外でも認知度が高いコンテンツを取り入れて外国語にも対応するなど、国内外を問わず、来場客の裾野を広げている。

森岡が導入した製作の設計図はヒント満載の宝箱

「演者はどうするんですか」

「音響や衣装はどうしましょう」

「台本もありません」

24年3月下旬。同月に開業したばかりのイマーシブ・フォート東京で、音響や衣装、照明、キャスティングを担うベンダー企業の関係者は驚きを隠せなかった。刀が当初、約1年後に入れる予定だった新アトラクションについて、たった1カ月間の準備期間で急きょ導入すると告げたからだ。

入れるのは、館内全体のあちこちでゲストがストーリーに巻き込まれる「フォルテヴィータ事件簿」という名のアトラクション。フォルテヴィータという架空の欧州の町で、

イマーシブ・フォート東京で製作指揮をする津野庄一郎(写真=菅野勝男)

マフィアから町を守るために訓練に参加したり、はたまた牢屋に閉じ込められたりする。町の住民との絡みもあり、休む暇なく世界観に没入できるアトラクションだ。

フォルテヴィータ事件簿はなぜ急に投入されることになったのか。それは、開業当初の口コミで最も目立った「追加料金なしで体験できるコンテンツが少な過ぎる」との声を受けた対応だ。投入を1カ月後としたのは、書き入れ時である4月下旬からのゴールデンウイークに間に合わせるためだった。

これほど短時間で新アトラクションを導

入することはエンターテイメント業界ではまれだ。だが、これこそ「刀時間」。イマーシブ・フォート東京のアトラクションの製作に関わる津野庄一郎は話す。

「勇気がいる決断だが、早くショーをつくってローンチすることに、我々は慣れている。これはＵＳＪのときに学んだことです。『**3カ月や半年待ってください**』**と言っていては、消費者は失望する**。心が離れたゲストを再び戻すのは相当難しい。時間をかけ、思いを込めてつくるのも重要。だが、ゲストに最も喜んでもらえるタイミングで価値提供することも同じくらい大切になる」

テーマパークはリピータービジネスだ。常に新しい体験を用意してゲストを楽しませ続けなければいけない。一度、「面白くない」とレッテルを貼られると、その評判を覆すのは容易ではない。

演者である〝人間〟によって生の体験を提供する進化系テーマパークのイマーシブシアターはすぐに中身を改善できるといった利点もある。従来の、数十億〜数百億円もの投資をしてつくった巨大装置によるアトラクションであれば改変は困難だ。「**明日からでも変えられる**のがライブエンターテインメントの良いところ」と津野は話す。

ありえないほど短期間でのアトラクション導入。しかし、津野らは最初からこうしたスピーディーな「刀時間」を実現できていたわけではない。転機となったのは、前職のUSJ時代、森岡や現・刀CMO（最高マーケティング責任者）の森本咲子がP&Gから転じて入社してきたことだ。津野はこのとき、USJのクリエイティブチームにいた。今から10年以上前のことだ。

「**どういうものをつくればいいかの戦略は私たちマーケターが絶対に間違わずにつくります。だから、その戦略を信じて、自身がこれだと思うものを、自信を持ってつくってください。それで失敗したら、責任はすべて私が取る**」

津野は当時、マーケティング部長だった森岡に言われたこの言葉が今でも頭の中を幾度となくよぎる。自分への絶大な信頼を感じるとともに大きなプレッシャーが押し寄せた。「これほどうれしくて恐ろしい言葉は今までにない」と津野は振り返る。

ここで同時に渡されたのが、1、2枚の紙にまとめられた「**クリエイティブ・ブリーフ**」と呼ばれる体験やプロダクト開発の設計図。クリエイティブ・ブリーフについて、津野は「**ほぼ答えのようなヒントが詰まった宝箱**」と説明する。

そこには、このショーを見るのは「どんな人」で、その人たちがショーを見て「どんな感情」になるかが非常に分かりやすく書いてあるという。例えば、ハロウィーンイベントなら、絶叫させた後、すっきりした気分にさせる。クリスマスイベントなら、親子が涙するくらい感動させる、といった感じだ。刀では新たなショーやアトラクション、広告を打ち出す際には毎回、クリエイティブ・ブリーフを作成する。

刀CMOの森本は「（クリエイティブ・ブリーフによって）マーケターは、こっちにボールを飛ばせば消費者に刺さって売れる、といった方向性を示す」と話す。そして、「それを受けて、ゼロから1を生み出す僕たちの作業が始まる」（津野）。ただし、受け取ったら終わりではない。その方向性を互いによく理解するため、両者が何度も議論をする。

クリエイターが迷ったときにヒントもくれるのがクリエイティブ・ブリーフ。衣装の色は何色か。流す音楽はロックかジャズか。ショーの適切な時間はどれくらいか。「どんな人」に「どんな感情」をもたらすのかが書かれたクリエイティブ・ブリーフに立ち返ると、正解はおのずと見えてくるという。

それが無かったときは、好みや勘でつくっていたため、「時間もお金もかなり掛かっていた」（津野）。結果的に誤った方向性のアトラクションができることもあった。クリエイターによって出来上がってくるアトラクションやショーも異なり、ばらつきもあったと津野は語る。

クリエイティブ・ブリーフには「こんなショーをつくってください」などと具体的なことは一切書いていないという。その方向に沿えば、後は何をつくるかをすべて任せてもらえる。製作する上での「羅針盤」を手にしたことで、製作スピードは一気に速まった。「クリエイティブ・ブリーフができてからは、アトラクションやショーをつくるのが本当に楽しくなった」と津野は笑顔で話す。

開業から半年ほどたった24年夏ごろにイマーシブ・フォート東京を訪れると、4月下旬に導入された「フォルテヴィータ事件簿」は目玉のアトラクションになっていた。

「1列目、番号始め！」

「1、2、3、4、5……」

フォルテヴィータ軍の指揮官は役者だが、よく見ると数字を大声で叫んでいるのはゲストだった。指揮官が「ランニング始め！」と号令をかけると、隊員になりきったゲストらが一斉に走り出す。端から見ても、一瞬、どこまでが役者でどこからがゲストか分からない。それほどゲストと役者との一体感が生まれていた。

刀は、ゴールデンウイークまでの短期間にフォルテヴィータ事件簿の導入だけでなく、小説「シャーロック・ホームズ」の世界観を体験するアトラクション「ザ・シャーロック」などもてこ入れした。その後も、7月に「今際の国のアリス～Immersive Death Game～」、9月にハロウィーンイベントを投入するなど怒濤《どとう》の日々が続く。それでも津野は「(イマーシブシアターという)ライブエンターテインメントを選んだ僕たちの宿命。**ずっと走り続けなければ、ゲストを満足させられない**」と前を向く。

10以上のアトラクションを集めた世界初のイマーシブ専門のテーマパークで刀の挑戦が続く。その圧倒的なスピード感を支えるのが、クリエイティブブリーフだ。現場の士気を高めて開発スピードを速める。そして顧客である人間の本能に強く訴えかける。森岡・刀流の新たなヒットのつくり方だ。

「狂人」と「凡人」のベクトル上に浮かぶ解

雪深い北海道の山奥。森岡が抱える銃の数百メートル先にいるのは野生のエゾシカだ。

「獣を前に、銃の引き金を引くべきか否か。その瞬間に頭が研ぎ澄まされ、**自分の原始的な脳の何かのスイッチがパチンと入る。**『今ここぞ』と、この人さし指の先に人生のすべてがかかっていると思うと、すごい集中力で引き金を引ける」

森岡は冬になると一定期間、北海道の山に入る。19年の免許取得以来、毎年恒例になっているのが狩猟だ。銃を手に取り、猟師となってニホンジカやエゾシカを仕留める。獲物は自ら解体し、その肉はジャーキーにして大切に食べる。

狙いを定めて引き金を引く。それは森岡にとって「**本能**」に突き刺さる瞬間だ。この

銃を構えるふりをする森岡（写真＝北山宏一）

とき、自分の脳は「動物」の脳に切り替わっている。森岡はそう語る。

野生動物との戦いは常に真剣勝負。森岡ら猟師と対峙する獣にとっては、まさに生死をかけた戦いになる。森岡にとっても、ビジネスをする上で経験する緊張感とは違う。日本で平和な日常生活を送っていては、なかなか出くわさない場面だ。森岡はあえてそうした状況に自らを置く。

なぜか。消費者を本能レベルまで深く理解するためだ。森岡が狩猟を始める少し前の18年、刀は兵庫県三木市にあるリゾート施設「ネスタリゾート神戸」のマーケティング支援に着手していた（注：刀は23年10

月、再生に一定のメドがついたとして22年7月からサムティと共同で持っていた経営権を手放した）。

本能レベルで、人は山で何をしたいのか

ネスタリゾート神戸は16年、経営破綻した年金保養施設「グリーンピア三木」の跡地に、広くエンタメ事業を手掛ける延田エンタープライズが開業。場所は兵庫県の緑深き山手にある。自然は多いが、神戸から車で35分、電車・バスなら1時間以上とアクセスが良いとはいいがたく、さらにパーク内の体験価値は乏しかった。

消費者はここに何を求めるのか。山に遊びにいったとき、消費者は何をしたいのか。その究極の形を理解することでヒントを得られるのではと考えて始めたのが、狩猟だった。猟師もネスタリゾート神戸に遊びに来る人も、濃淡はあれ、本能では同じ体験をしようと望んでいるのではないか。それならば、その「究極」を体験することで消費者を理解できると森岡は考えた。

そうした中、ネスタリゾートで生み出したのが、透明な巨大な球の中に入って斜面を転げ回る体験や、でこぼこの山道でバギーを運転して走る体験などだ。いずれもスリル満点で怖さと表裏一体の面白さがある。都会のテーマパークではとうてい味わえない内容だ。

「『狂人』と『凡人』に憑依《ひょうい》して、2つをつなぎ合わせたベクトルの上に解を見つける」（森岡）

山の中で自然を相手に体験する際の「狂人」は猟師。一方、ネスタリゾート神戸がターゲットとするのは「狂人」でなく、たまの休日を山で遊びたい消費者たちだ。こういった消費者の気持ちは同じベクトル上にある「狂人」の気持ちを理解すれば分かると森岡は考える。森岡流の消費者を理解する1つの術だ。この猟師経験は、沖縄の自然を体験できる25年開業のジャングリアにも生かされるに違いない。

刀がハウステンボスのマーケティング支援を始めた22年秋のこと。パーカーを羽織り、帽子にマスク姿でパーク内を歩いていたのは森岡本人だ。夕方頃、パークで十分に遊び終えた客たちがゲートから出て行く。耳をそばだてていると、パークについての感想が聞こえてくる。何が一番楽しかったのか。何が足りなかったのか。来場客の声に加えて、その表情も見ながら本音を探っていく。

刀のCEOとして企業を率いる立場になっても、森岡は現場に足を運び続ける。そこには消費者を理解するためのヒントがあるからだ。経営者でありながら、筋金入りのマーケター、それが森岡なのだ。

USJ時代にはこんなことがあった。

「森岡さん、こちらから入ってください」

酷暑が続く夏のとある休日。子供らと妻を連れて家族全員でアトラクションの列に並んでいた森岡に、気を利かせたスタッフは手招きをして小声でこう言った。しかし、これに対して森岡は首を振った。

少なくとも、**消費者と同じ条件でなければ真の意味で消費者を理解できない**——。森岡はそう考える。

「暑い中、長い行列で待っている間、消費者は何を見て、何を聞いているのか。消費者を理解するため、消費者と同じように入場料金を払い、同じように列に並ぶ」

それが経営者でありマーケターである森岡の流儀だ。

あえて自らパンを焼く

22年10月からの製粉大手ニップンとの協業でも、普通のコンサル企業ではあり得ない行動に出ている。

森岡はいろいろな小麦粉を試して、パンづくりをしたという。素人には一見、ほとんど同じように思える小麦粉だが、どんな違いがあるのか。焼いたパンにしっとり感が出るのかもっちり感であるのか、自分でやってみて調べるためだ。そこまでやるかと思わせるほどの研究熱心ぶり。ニップン社長の前鶴俊哉は「森岡さんはやるとなったら突き詰める方なのだろう。そういう姿勢はありがたい」と笑顔で話す。

「『狂人』の分析をして本当に消費者を理解しようとすれば、**尋常じゃない情熱や執着心がいる**」（森岡）

刀の社内に消費者理解のためのいくつものセオリーを持ちながらも、森岡はそれに依存することなく、自らやってみることをないがしろにしない。それほどやらなければ真の消費者理解は難しいと考えるからだ。多くのビジネスマンが痛感させられるエピソードでもある。

知名度ゼロからの始動 宿泊施設の稼働率が9割にも

神戸市街地から北西に車で40分ほど。気温は街中より約5度低く、関西の避暑地として知られる六甲山に、刀が2023年5月から運営するグランピング施設「ネイチャーライブ六甲」がある。

「じゃあ次はお肉を裏返してみようかな、せーの」

神戸の街や瀬戸内海を見下ろせるネイチャーライブ神戸
(写真＝ネイチャーライブ)

アテンダントの女性がそう言うと、エプロン姿の10歳の子供が、グリルの上で巨大な骨付き肉をひっくり返す。サラダは、野菜を食べやすい大きさにちぎって、チーズを振りかけて盛り付ける。

「そうそう、その調子」

優しいアテンダントのサポートの下で料理をする子供の姿に親が目を細める。

ネイチャーライブ六甲の客層は子連れのファミリー層が中心だ。ここで一番人気のアクティビティーが、アウトドア料理を自分でつくる「キュイジーヌ・エクスペリエンス」。アテンダントが付きっきりで子供をサポートしてくれるため、親はお酒やコーヒーを片手に見ているだけでよい。料理以外に、まき割りやキャンプファイヤー、グラスづくりも体験できる。単に宿泊するのでなく、様々な体験ができるのがネイチャーライブの売りだ。

施設はコテージが計5棟ある。1棟当たりの広さは約70平方メートルで4~6人が宿泊できる。24年夏には連日、多くの家族連れでにぎわっていたネイチャーライブ六甲。だが、1年前、実は閑古鳥が鳴いていた。この頃の施設稼働率は30%強。刀本体を揺るがす規模でないものの、一時は幹部の間で撤退も頭をよぎるほど客足が低迷した。体験重視のため、接客やアクティビティーのサポートが不可欠だ。そのため、アテンダントは現場に入る前に約60時間の研修をみっちり受ける必要があった。そうした手間も負担になっていた。

23年夏、同施設の運営会社ネイチャーライブの代表に就いた渡邊泰裕がてこ入れに着手する際に重視したのが、第2章でも書いた「消費者行動を左右する3要素」だ。競合と比べてその製品・サービスがどれだけ選ばれる可能性があるかを示す「プレファランス（相対的好意度）」、どれだけ多くの人に知ってもらえているかの「認知」、製品・サービスの手の取りやすさを示す「配荷」。「この3つを解決しようと最初から言い続けた」と渡邊は振り返る。

もっとも、サービス価値の高さには自信があった。利用者アンケートの結果を見ると7段階評価で6を超える点数を付けていた消費者が多かったからだ。「満足度は高いが、客数が少なかった」(渡邊)。サービスに十分な価値があることを前提に、渡邊は大きく3つの施策に取りかかった。

まず取り組んだのがプレファランスを高める策だ。そのために高めに設定していた料金を見直した。閑古鳥が鳴いていた23年夏当時の料金は2人で1泊12万6000円(食事込み)だった。これをいったん、7、8万円まで下げた。「**消費者に施設の価値があるのかが証明される前に高い水準になっていた**」(渡邊)ところを、価格を下げてプレファランスを高める土壌を整えた。

プレファランスで価値を見る際に競合となり得るのが近隣の宿泊施設。ネイチャーライブ六甲のような高級価格帯の施設は周辺に多い。車を30分も走らせば、南に「オリエンタルホテル」や「ホテル ラ・スイート神戸ハーバーランド」といった高級ホテル、北に「日本三名泉」の一つ、有馬温泉の旅館が建ち並ぶ。それらに比べて、プレ

ネイチャーライブの責任者を務める渡邊泰裕（写真＝菅野勝男）

ファランスが劣後していた。

プレファランスを高めるサイクルをつくる必要もあった。宿泊業は利用者の口コミが次の客を呼び、その口コミがさらに新たな客を呼ぶビジネス。値下げに着手したのは、まずは最初の客に価値を理解してもらい、サイクルを回すためだ。

2つ目に取り組んだのは、「配荷」と「認知」率の改善だ。「配荷」や「認知」が大切なのは、消費者の視界に入らなければ購入さえされないからだ。とくに宿泊施設は数多く、埋もれやすい。そこで、宿泊予約サイトの「一休」や「楽天トラベル」に新たに掲載。外国人向けにユーチューブを配信すると早速、香港を中心に海外から3割ほどの客が付くようになった。

ネイチャーライブ六甲の専用サイトの訪問者にも価値が分かりやすく伝わるよう、サイトも刷新した。開業時につくったサイトは、ネイチャーライブ六甲で撮影したものでないイメージ画像も使っていた。刷新では、「利用者にとくに評判の良かったシーンにフォーカスして、アウトドア料理の体験や夜景の美しさなどがビビッドに分かる画像を掲載した」と渡邊は話す。

「必要な価値」の仕分け

料金を下げると利益は下がってしまう。そこで、1、2番目の策と併行して着手した3つ目の策が、何が必要で何が必要でないかを見極める仕分け作業だ。コストを下げ、運営効率を改善するための取り組みだ。

簡略化したサービスの事例はこうだ。朝食は当初、自分でパンを焼くなど顧客にとって作業量の多い体験だった。「朝から活動的な体験はしたくない」「朝食は軽くていい」

との客の本音が見えた。そこで、朝はチョップサラダを瓶に入れて混ぜるくらいの体験に縮小。同時に充当するスタッフの数も減らした。

通常、仕分けでは事業縮小やコストカットにフォーカスされがちだが、何が重要かという点も改めて認識した。例えば、アウトドア料理をつくるディナーは、客にとって非常に重要な体験と位置付ける。しかも、単にアテンダントがサポートするだけでなく、「アテンダントとお客様との心通うやりとりを重視している」（ネイチャーライブ）。渡邊は「**本当に価値があるところには人件費を使い、そうでないところを効率化した**」と語る。大事なところに注力することは忘れなかった。

冬季は氷点下になることも少なくない六甲山。多くの宿泊施設はこの間、休館にするが、ネイチャーライブは「守りの姿勢はよくないとあえて営業を続けると決めた」（渡邊）。刀のトレーニングプログラムを一般向けに提供する2泊3日の「刀実戦ブートキャンプ」も開催するなどして閑散期を乗り越えた。これらの策が奏功し、24年春には稼働率が70％まで上昇。そうして危機を脱し、経営が安定化していった。ネイチャーライブでは、20人ほどの学生バイトを含めた約40人で施設を切り盛りする。渡邊は一連の改善の中で現場のスタッフからのフィードバックが大いに役立ったと語る。

どのような報告が上がってくるのか。スタッフはディナータイムの料理体験といったアクティビティーでは一つひとつの作業について、客の受け止めを報告する。例えば、食事は誰が何をすべて食べていて何を残していたか。ささいな客のコメントにも敏感に反応し、情報を共有する。しかも、報告するのは社員だけでなくアルバイトもまたその任を負う。

「客のために良いと思ったことは何でも言えるように」

優れた洞察力やコミュニケーション能力を持つ現場スタッフの面々はバラエティー豊かだ。近隣の神戸大や関西学院大、甲南大生の学生アルバイトをはじめ、元自衛隊員や元プロスポーツ選手、現役お笑い芸人もいる。

情報共有を活発化させるため、管理職も風通しのよい組織づくりに留意。報告を受けた側の反応はとても重要だ。渡邊は「本当にお客様のために良いと思ったことを誰でも自由に言い合えることが大切。アルバイトの立場で言ったら生意気だなと思うような雰囲気があると人は意見を言わなくなる。言ってくれたことに感謝し、心理的安全性を保てるような空気を支配人たちがつくってくれている」と話す。

多様な体験施設で必要なものとそうでないものの仕分けは現場の協力なしにはできなかった。直接感想を書き込む口コミやアンケートだけでなく、施設内の客のしぐさや何気ない言葉からもスタッフが敏感に感情をくみ取った。ネイチャーライブ社員は「ただサービスを提供するのでなく、体験価値を届けることに各自が強い使命感を持ってくれている」と話す。

ネイチャーライブ六甲は24年夏、稼働率が約90％に達した。近く、東日本でも六甲に次ぐ2号店の開業を検討。六甲のコテージ数は5棟だが、2号店は数十棟と規模は大きくなる見込みだ。全国にはかつて保養地としてにぎわっていたものの、客足が遠のき、廃虚と化す地域は多くある。刀はそうした土地に注目し、地方再生を進める考えだ。

「医師の言葉が患者を変える」刀が医療業界に吹かす新たな風

「血圧は安定していますね。週3回ほど測定できているのは、素晴らしいです。では、今度は週に5回測れるように頑張ってみましょう」

医師がパソコンの画面越しに映る高血圧症の患者に優しく語りかける。医師側の画面を見ると、映っているのは笑顔の患者。患者からも、画面越しの医師に質問を投げかける。オンライン診療とは思えないほどの円滑なコミュニケーション。医師が患者の目線に合わせて対等に接する様子が印象的だ。

これは、刀が2022年9月に本格始動したオンライン診療の「イーメディカル」というサービスだ。開始から2年で利用者は数千人に上る。

サービス内容はこうだ。医師による診察はスマホアプリ内のビデオ通話で行い、15分

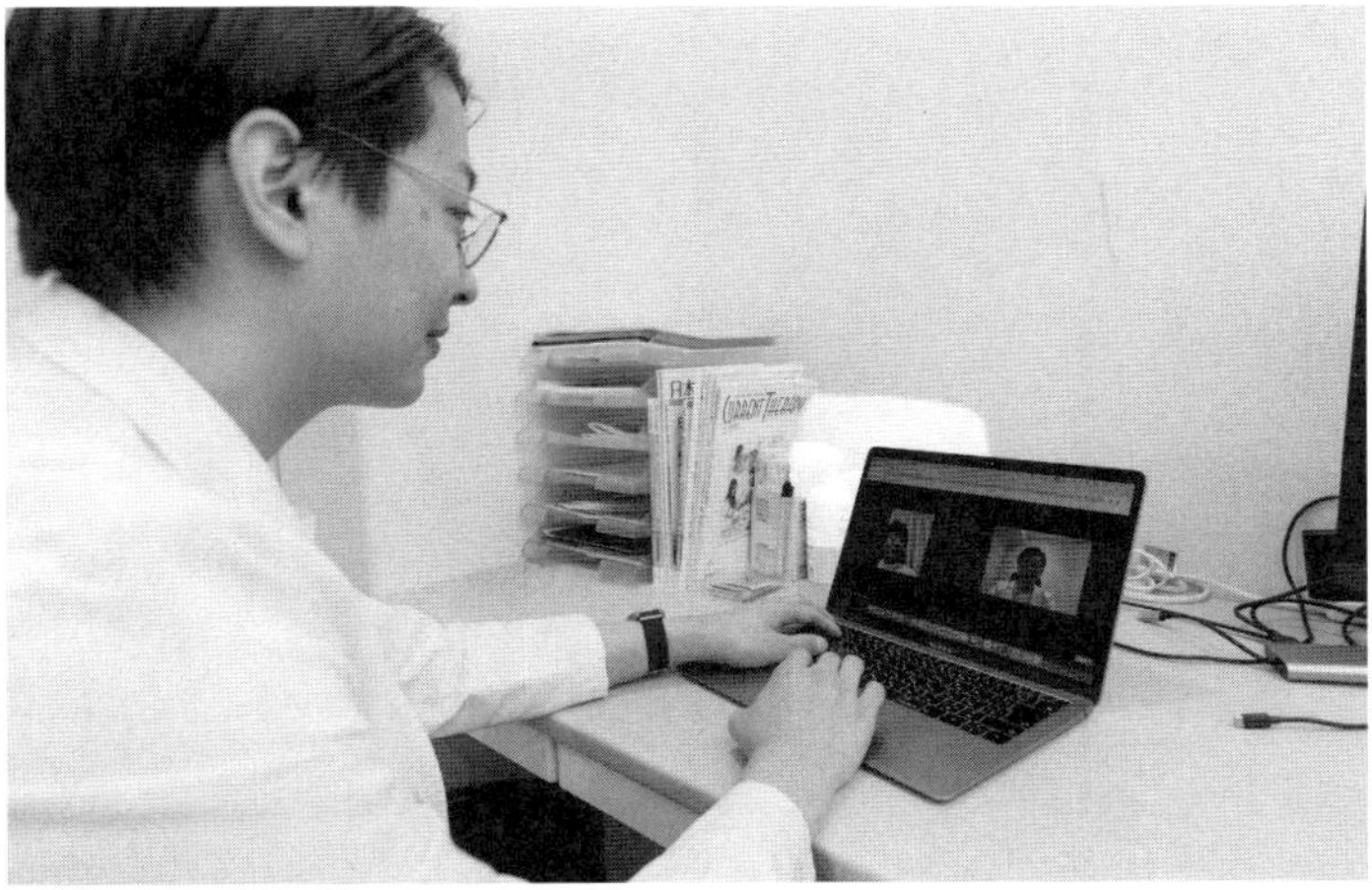

約15分間のオンライン診療に臨む医師の石田和也（写真＝古立康三）

以内で完了する。予約は毎日午前6時〜午後11時の間でできる。初診を含めて通院は不要。処方薬は自宅に郵送されるため、薬局に赴き、薬の準備ができるのを待つ必要もない。

自宅にはオムロンヘルスケアの血圧計が無償で届き、測定した血圧や脈拍データは自動でアプリに記録される仕組みだ。血圧の推移を継続的に追えるだけでなく、医師にもその数値が共有され、異変があれば連絡してくれるモニタリング付き。アプリにはチャット機能も実装されており、不安な点はいつでも医師や看護師に相談できる。

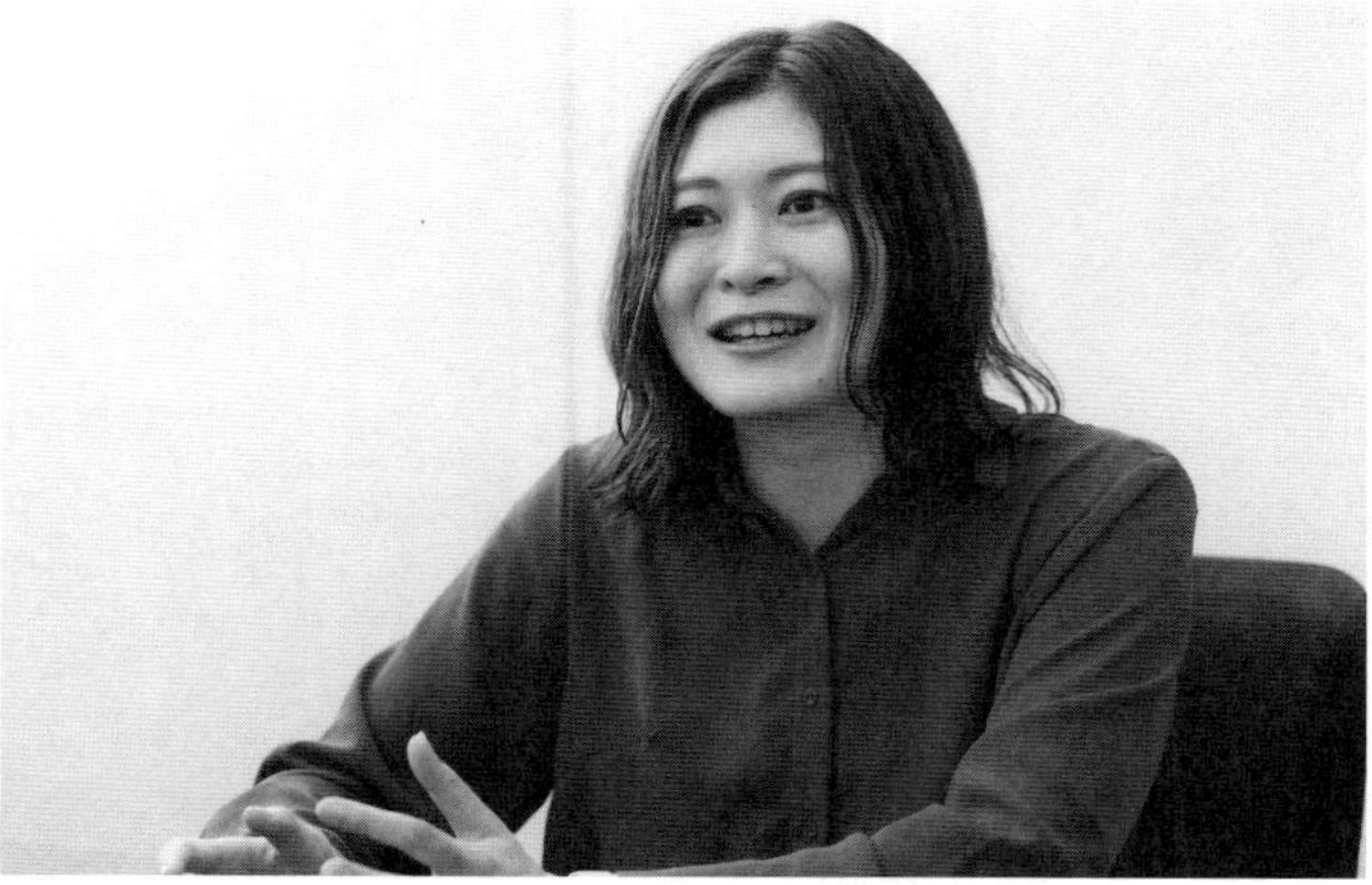

イーメディカルジャパン社長の塩谷さおり（写真＝古立康三）

患者を褒めて、否定しない

　これでも十分なサービスだが、ポイントは冒頭のシーンにあった、高いコミュニケーション能力を有する医師の診察だ。一言でいうと、診療スタイルは、医学的な正しさを前提に、「（医師は）患者を褒めて、否定しない」。同サービスにかかわる数十人の医師がこの診療スタイルを徹底する。そして、ここに、患者の行動まで変容させる刀のマーケティングの神髄があるのだ。

　半年後継続率は対面診療でも半数を切るとされるなか、イーメディカルの継続率が約90％を誇るのも、医療の場では珍しい円

■イーメディカル会員の継続率

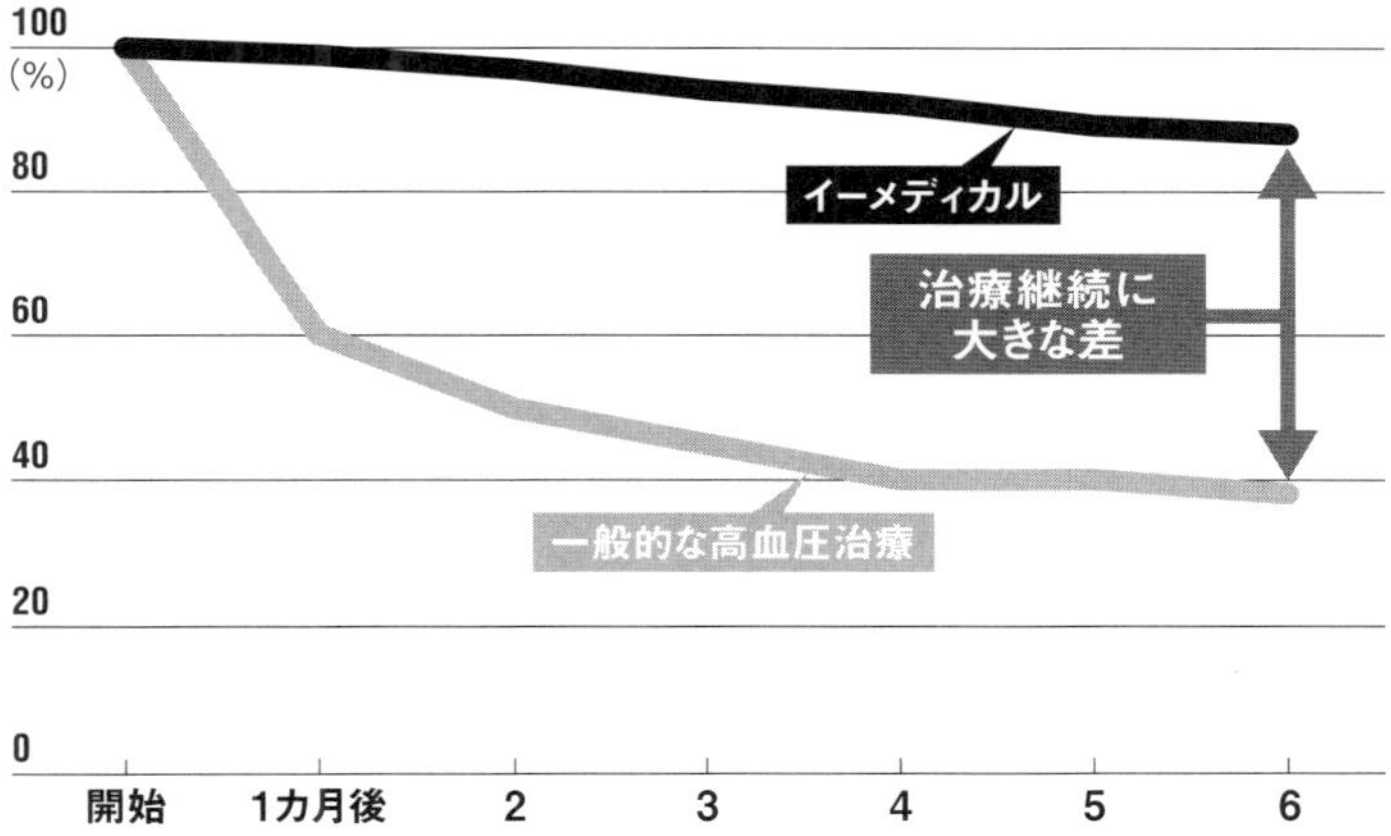

滑なコミュニケーションができているからだろう。

「オンライン診療なのでもっと淡白かと思ったが、むしろしっかり診てもらえている実感がある」「不安になったことを自分から聞いてもOKな雰囲気がある」。利用者からはこんな評価の声が届く。

診療のレベルを維持するため、毎回、患者にアンケート調査を実施。改善すべき点が書かれていればすぐに医師にフィードバックする。先日は「説明が理解し切れなかった」との声を、事務局が医師に伝えて改善を依頼した。

高いレベルを維持するために、細かいル

ールも決めている。診察に入るのは、患者の血圧データを事前確認してから。診察開始時には、自分の表情が相手に分かるようにパソコン画面の位置を確認、話すときは画面の患者の目を見る。新しく薬を処方する際にはなぜこれが必要かをかみくだいて説明する。サービスを運営する刀傘下のイーメディカルジャパンＣＥＯ（最高経営責任者）の塩谷さおりは、「患者が継続して治療するためには、いかにコミュニケーションが重要かを医師のみなさんに伝えている」と話す。

次々と出てきた本音

塩谷らは事業開始前、患者の深層心理を捉えるため、高血圧患者らに調査を実施。そこで明らかになった結果が、医師と患者のコミュニケーションを重視する「高血圧イーメディカル」のサービスに反映されている。

「普段の診療に満足していますか？」と聞くと、ほとんどが「十分です」と回答した。しかし、「今の診療を点数にすると何点ですか？」と尋ねると１００点と答える人はほとんどない。多くが70～80点と答えた。「では、何が変われば100点になりますか？」と尋ねると次々と本音が出てきたのだ。

「（対面診療でも）医師が自分の目を見て話してくれない」

「もっと話を聞いてほしいが、質問する時間がない」

「血圧の数値が目標に達していないのに『これでよし』と言われた。なぜかと思ったが、先生を否定するようで、質問できなかった」

患者から出てきた本音は、塩谷らが事前に考えていた仮説にぴったりはまるものだった。日本人には医師に対して心理的な大きな距離感を感じている。お医者様の言っていることは絶対――。塩谷は振り返る。「70～80点の及第点はあるけれど、**残りの20～30点で何が不足しているかを聞くとぽろぽろと答えが出てきた**。みなさん、やはりお医者さんに話したいけれど話せていないことがたくさんあるんだなと感じた」

高血圧症の診療の実態を調べると、こんな事実も分かった。

「3時間待ちの3分診療」。長時間待たされたのにもかかわらず、診療時間はわずかとの意味で、医療現場でよく聞かれる言葉だ。診療は医師が血圧手帳を開くところからスタート。患者の手書きなので読みづらいこともしょっちゅうだ。さらに医師は手帳に書かれた数値を頭の中で暗算して平均値を出す。診察開始から正しい血圧の数値を理解するまでで1分30秒。診療時間が3分とすると、血圧手帳を確認するだけで半分の時間を費やしていた。

イーメディカルでは、血圧データは自動でアプリに記録され、医師は診察前に血圧データを確認する。データを読み解くのに時間が取られることはない。

もっとも、医師と患者の双方のコミュニケーションを重視したオンライン診療ですべての病気が診られるわけでない。高血圧は、毎日の血圧測定や食生活、運動を継続してこそ改善する病気だ。だから、イーメディカルは、いかに受診や生活改善を「継続」させるかに焦点を当てている。

「私たちのサービスは**患者の行動を変えること**を狙いにしている。集中的な治療や手術が必要な病気は対面診療の方がよい」(イーメディカルジャパン副社長で医師免許を持つ大和陸離)

同サービスは、患者1人に対して1人の医師を付ける担当医制は敷いていない。毎回、診察してくれる医師は異なる。担当医制を採用しないのは高血圧症ならではの診察の傾向があるからだ。大和は「高血圧症は昔からある病気でガイドラインもある。診察で医師のオリジナリティーは出にくい」と説明する。他の医師も見る前提で電子カルテに記入するため、各医師は丁寧に書く意識が働いて客観性も高まるという。

日本人の健康寿命を延ばす

日本の高血圧患者は約4300万人おり、うち未治療者は1850万人に上ると推計されている。イーメディカルは抱える患者数を足元の数千人から、数年以内に数万人に伸ばす目標だ。

福利厚生の一つで三菱地所などの企業が同サービスの導入を進めている。トラック運送のNBSロジソル（大分県日田市）は約500人のドライバー全員に導入した。刀は今後、人間ドックなどに特化した大規模な健診施設などへの導入も目指す。

24年7月には、刀やオムロンヘルスケア、ミツカンなど6社が血圧ケアに関する共同プロジェクト「PROTECT HEARTS PROJECT」を立ち上げた。ドラッグストアや医療機関などで、食生活改善などによる血圧ケアの重要性を発信する。乳がんの早期発見・治療の大切さを伝える「ピンクリボン運動」のように社会全体で高血圧症治療の必要性を啓発していく。

これまで誰もやってこなかったマーケティングから医療を変える取り組みは刀にとっても大きな挑戦になる。塩谷は「日本人の健康寿命が延びることを願い、多くの方に早期治療を始めてもらえるきっかけにしたい」と意気込む。医療業界に新たな風が吹き始めている。

勝てるのは「ハイグラウンド」な市場 事業が成功する3条件

「1つの事業において、辻つまが合うパターンは多くても3つしかない」

森岡はそう強調する。消費者を本質的に理解し、新たに始めようとする事業でどう成長させるのか。刀独自の成功の条件に当てはめると2つか3つしかないという意味だ。そして、刀は、それを綿密な仮説を立てることによって探し当てる。

刀は、会社や事業推進のためには4つの不可欠な力があると考える。①市場構造を分析して勝ち筋を見極めた上で、②プロダクトを創り、③その価値を伝え、さらに④これらを全体として推進していく力だ。刀は、①のプロセスで、成功する事業の仮説をつくる。ここでは同社がどのような概念を重視して市場構造を分析しているのか見ていこう。

水が高いところから低いところに流れ落ちるのは重力によるもの。日の出と日没が繰り返されて毎日が過ぎていく――。

どれだけ人間が賢くなろうとも、人の力では変えられないのが原理・原則。自然の摂理がそうだが、刀は、ビジネスの世界にある摂理も敏感に感じ取る。例えば、小売業界は、鮮魚店や野菜・果物を使うお店、あるいは酒販店のように専業の商店から、すべてがそろう総合スーパーへと形を変えていった。都市部から始まった変化は地方に重心を置き、現在も進行中だ。ビジネスで最も理解しなければいけないのは消費者、つまり人間。だから、人間についても深く洞察する。ヒトはこのパッケージを見て、脳内でどんな情報処理をするのか。

消費者が頭で考える市場はもっと広い

世の中に既に存在する変えがたい原則を重視するのは、「こうした構造を理解すれば、自分たちに有利に活用できるから」と刀のインテリジェンスチームの河合桃子は話す。「逆に、何かを成し遂げようとするとき、**構造に逆らうと時間とお金がかかる**」。水を低いところから高いところに移動させるにはポンプが必要だ。動力や機械が必要になり効率が悪い。原則に従えば、効率的に目標に到達できる。

目指す事業のポジションの捉え方にもこだわりがある。ポイントは、「広く」捉えること。「**時間や空間を拡張する**」と河合は言う。先ほどの小売業界の変遷は、時間軸を延ばすことで構造が見えた。歴史を遡れば、将来の姿が想像しやすい。別の国や地域、事

刀のインテリジェンスチームの河合桃子（写真＝北山宏一）

業を参考にして空間を広げることも有効だ。

目指す事業のカテゴリーは狭すぎてもいけない。例えば、新しくハンバーガーショップを展開するとしよう。マクドナルドやモスバーガーとの比較で価格優位性があっても、定食チェーンやうどんチェーンと比べれば優位性はなくなる恐れがある。そしてここでも人間の脳の構造を利かせるのだ。消費者が頭で考える市場はもっと広い。河合は「もし、**その業態がなかったら消費者は何を代替にするのか**を考えると分かりやすい」と話す。

あらゆる視点から分析を重ねれば、今度

■3条件がそろう「ハイグラウンド」市場になると勝てる確率が高くなる

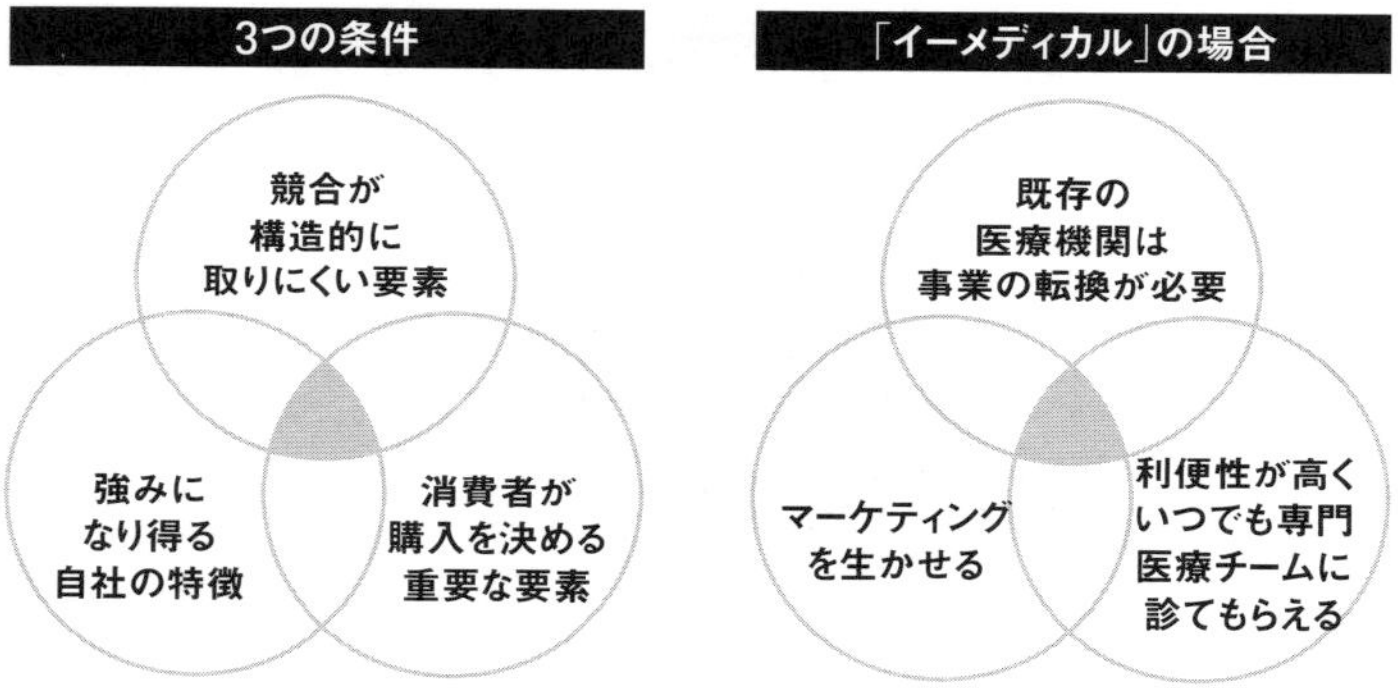

は勝てる市場を検討する。目指すのは、対競合で継続的に構造的に優位を保てるポジション。刀はこういった市場を「ハイグラウンド」と呼ぶ。

上の図を見てほしい。「消費者が購入を決める重要な要素」と「強みになり得る自社の特徴」「競合が構造的に取りにくい要素」が重なった部分がハイグラウンドだ。前出の刀の新事業、オンライン診療の高血圧イーメディカルを例に見てみよう。

オンラインでいつでも診察を受けられ、専門医療チームが備わる。これは、購入の重要要素になる。競合の既存医療機関にとって、事業形態の大転換が必要になるオンライン診療への参入は困難だ。さらに、刀が強みであるマーケティングを生かして、高血圧の改善につながる継続診療に貢献できる。同事業は3つの要素を兼ね備える。

仮説を見つけるために調査すべからず

マーケターはそれまでの分析とこのフレームに当てはまるかどうかを行ったり来たりして、成功する事業の仮説をつくる。「つくったアイデアをチェックして、**3つの円の中でここが弱いとなると、再考する**」（河合）。精鋭が集まる刀でさえ、容易にここにはたどり着かない。高血圧イーメディカルの担当者は、競合が取りにくい要素について、「（競合になる医療機関は）参入が難しいからこの領域で戦っていないのか、参入はできるけどスイートスポットが空いているのか、相当な時間をかけて検証した」と振り返る。

分析から始めてハイグラウンドを見つけるまでかける期間は半年から1年。ここまで来ると、目指す事業は、2つか3つのパターンに絞られる。「**成功確率の高さを重視すれば、そんなに数は出てこない**」とCIOの今西は言う。この時点でかなり的が絞られているイメージだ。ここまでのプロセスが、刀にとって「仮説を立てる」作業。この後に、本格的な調査をかけ、十分な市場規模があるかを確認する。

世の多くの企業も市場調査をかけているが、それらと刀の調査ではいったい何が違うのか。河合はこう説明する。

「仮説を見つけるために調査をするケースが少なくない。仮説があってこそ、深い調査も可能になる。**刀は本格調査をする前に、既に仮説を持っている。**そこの違いは大きい」

手当たり次第、やみくもに調査をして仮説を立てるようでは手間がかかる。調査前からどんな結果が出るかを想定していれば、次にどういうアクションを起こすかも決まってくる。そうすれば他社よりも早く手を打つことができる。

世間のビジネスでは、ハイグラウンドを外している例も多い。ＣＩＯの今西は「当初は自社の強みを生かして成長していたが、**事業が拡大する過程で自社の強みを見失っている**例は多い。やはり、**強みを最大限に出さなければ勝てない**」と指摘する。強みがない分野に出ればリソースの負担も大きくなるため、優位性は保てないという。

刀によると、世の中で成功している事業はハイグラウンドの条件を満たしている。ただ、その会社がなぜそれが成功したのかの理由が分かっていないケースは多く、その場合、再現性がないという。刀が数々の事業で成功を収められるのは、成功する理由を分かっているから。再現できるノウハウが刀にはあるのだ。

消費者の言行不一致に注目してインサイトを見つけよう

刀顧問
堀 要子氏

ほり・ようこ。1987年、P&G日本法人入社。「アリエール」「ウィスパー」などでブランドマネジメントを担当、「SK-Ⅱ」では欧米やアジアで新市場開拓をけん引した。世界のマーケターを教育するトレーナーも務めた。2018年に刀顧問。刀社内だけでなくコンサルティング支援をする企業や刀実戦ブートキャンプでもマーケティングの講師を務める。（写真＝菅野勝男）

ブランド構築にあたって初期段階に着手する消費者理解。そのプロセスで重要になるのが「インサイトの発掘」だ。容易にはたどり着けないインサイトにどうアプローチすべきかを堀氏に聞いた。

——消費者が商品を買ってくれず、売り上げが伸びないことに世の多くのビジネスパーソンが悩んでいます。

売り上げを伸ばすためには、主に3つの方法があります。**消費者の数を増やす**こと、購入商品を**高額商品に移行**してもらうこと。最後に、**使うラインアップを増やしたり購入の頻度を高めたりする**など、多く使ってもらうことです。目標数値に達しないのは、消費者がこれら3つにつながる行動を起こしていないということですよね。では、それはなぜなのか。それを考えなければなりません。

——刀ではどのようにして、その理由を解き明かしていくのでしょう。

消費者が買わない理由を、私たちは「**バリア**」と呼んでいます。

バリアでよくあるのが、消費者が「**信じていない**」。これは、世の中の商品が売れない理由の大部分を占めます。宣伝では良いことを言っているけれど、本当にあなたのブランドがそれをできるの？　と消費者が思っている。「既に手に入れている」という人が持つバリアには、本当にあなたは理想のレベルに達していますか、現状でよいですか、と

揺さぶりをかける必要がある。

どんなバリアがあるかを見つけ出した上で、それぞれに対応したインサイトを発掘していきます。

――インサイトはマーケティングでよく使われる言葉です。英語のinsightは洞察などと訳されますが、刀ではどういう意味で使っていますか。

インサイトの定義は、**消費者が今まで気付かなかった事実**です。意識していなかったけれど、言われて初めて「そうそう！」「なるほど！」と思う。ハッとさせられるような事実もそうです。さらに言うと、これによって、**ブランドと消費者の間に結びつきが生まれ**、「このブランドは私のことをよく理解してくれている」と感じさせる。それがインサイトです。

消費者の心の扉を開ける鍵

――具体的にはどういったものでしょうか。

刀が得意とする集客施設を例に考えてみましょう。

〈親御さんは、子供を自然の中で遊ばせたいが、大自然がある場所に行くとなると遠いし、準備も手間がかかる。現地で虫が出るかもしれないし、トイレも汚いかもしれない。そんな面倒を避けながら、自然の中で今までにない新鮮味のある面白い体験をして、子供にも刺激を与えたい〉

少し長いですが、こういった事実がインサイトです。刀が運営するネイチャーライブはこうしたインサイトから生まれました。ほかに、こんなインサイトもあります。

〈家事でお皿洗いは一番嫌い。料理は家族が楽しむと想像すればやる気は出るし、食事のだんらんも楽しい。でも食事が終わると家族はそれぞれの部屋に戻って、自分と汚れた食器だけが取り残されて寂しくなる〉

これは、台所用洗剤のインサイトです。ただ、実際はこうしたインサイトを見つけるのはとても難しい。消費者インタビューでは意識の範囲内にあることしか話してくれません。仮に、インサイトで示したような気持ちがあっても、「これは言っちゃいけないな」と消費者に発言をとどまらせることは多く、ほとんど表面化しません。バリアが「鍵のかかった扉」なら、**「消費者の心の扉を開ける鍵」**の役割を果たすのがインサイトです。

――隠れたインサイトを、どのように見つけていけばよいのでしょうか。

消費者の**言っていることと行動にギャップがあるとき**には、インサイトがあることが多いです。先ほどのネイチャーライブのインサイトの場合、「自然のある場所に行きたい」と言いながら、実際は行っていないケースがほとんどです。

バリアを解決するインサイトの見つけ方を、少しご紹介しましょう。その商品・サービスの**ベネフィットが最も重要になる瞬間**はいつかを考えます。例えば、高級ひげそりなら、男性が女性にもてたいと思う瞬間を考える。これは、消費者インタビューでは、男性の口からは出にくい内容でしょう。

その商品のベネフィットがあれば**消費者や家族はどんな気持ちになるか、誰がそのベネフィットの良さを言及すれば消費者は納得するか**などを想像する方法もあります。価格の高さが問題なら、高さに見合う価値を理解させるために、消費者の心情にフォーカスしたり、消費者の妻や彼女に訴求したりするのです。

――国内外を問わず、多くの事業は成熟市場です。既に十分なベネフィットが提供されている商品・サービスは多々あります。こういった場合はどのようにして、売り上げを伸ばしていけばいいのでしょうか。

たしかに、日本のメーカーがつくる商品は品質が良いので、ネガティブな要素が少ないものは多いです。そんなときに考えるのは、バリアではなく「**トリガー**」。「**モチベーター（動機付け）**」とも言います。携帯電話やスマートフォンのカメラ機能はそうした例でしょう。携帯やスマホとしてのベネフィットは十分でしたが、そこにカメラが追加され、利便性が高まりました。インサイトの見つけ方は「バリア」の場合と同じで、言葉に表れにくい感情を探します。

消費者はインサイトを言えない

「顧客の声をうのみにするのではなく、顧客さえ気付いていない需要を創造する」――というのは、ビジネスをする際の理想としてよく言われます。消費者インタビューの際には、そもそもインサイトは表出しないと認識しておくことは重要なのでしょうか。言うと恥ずかしい、言ったら悪い、発言すると負け組になるのではないか――。いろいろな感情があって消費者は大声で言えないのです。ですので、**消費者が声に出せない悩みや望みは何か**、丁寧に観察しなければなりません。

例えば、インタビューの中で一緒にスーパーに行った際、消費者が食品のパッケージの裏を見たとすると、「なぜ裏を見たのですか」と尋ねる。すると、「実は子供がアレルギーで」と消費者が答え、新たな事実が分かることもあります。

どうすれば消費者はより幸せな暮らしができるかといった大きな視点を持ちながら、なぜ消費者は買わないのか、なぜそう言ったのかなどに注目して**深層心理を理解する**ことがインサイト発掘のヒントになるでしょう。

今回の事例は、消費者理解をするための1つのヒントに過ぎません。ただ、ここをしっかり理解しないと、どんな価値を提供すべきか、価値をどう届けるかも間違えます。売り上げが伸びない背景には消費者理解が足りていないことが往々にしてあります。正しいインサイトを見つけて深い消費者理解ができれば、どうブランドを構築すべきかがおのずと見えてくるでしょう。

第5章

マーケティングで日本企業を変える

空いていた〝ど真ん中〟で真っ向勝負

「本当にそんなことがあるのか」

2024年2月。製粉大手ニップン（旧日本製粉）のカスタマー営業統括部の大石和浩はある知らせを聞いて一瞬、耳を疑った。聞くと、首都圏が拠点の大手スーパーで、ある商品のPOS（販売時点情報管理）データの数字が大きく伸びているという。その商品は、ニップンが2月20日に新発売したばかりの乾燥パスタ「オーマイプレミアムもちっとおいしいスパゲッティ（以下、もちっとおいしいスパゲッティ）」だ。この大手スーパーが全国で実施した食品の新商品フェアでもこの商品が売り上げ金額でトップを獲得。カレールーやドレッシング、麺つゆなど約10種の食品カテゴリーがある中で、他の食品を抑えての堂々の1位だ。

予想を覆す販売実績を出したのは、この大手スーパーだけではない。全国のスーパー

第5章　マーケティングで日本企業を変える

ニップンの乾燥パスタ「オーマイプレミアム　もちっとおいしいスパゲッティ」

から「好調です」「よく売れています」と、同様の声が届いた。西日本を拠点にする大手食品スーパーは、発売から間もなく、扱う店舗数を約１５０店から一気に約２５０店に拡大すると決めた。

　新商品だからプロモーションもあって売れるのは当然。そう思う人もいるだろう。だが、ニップンの営業担当は地域を越えて巻き起こる旋風に、今までとは異なる手応えを感じていた。

　ニップンの創立は明治期の１８９６年と古い。１３０年近い歴史は、企業として社会から必要とされ続けてきた歴史とも言える。だが、ＪＴＣ（ジャパニーズ・トラディショナル・カンパニー＝伝統的な日本企業）という言葉に代表されるように、積み重ねてきた歴史が足かせとなり、変革になかなか踏み切れない企業も少なくない。

そんな中、老舗企業のニップンは、2022年10月に刀と協業を開始した。先に紹介した、もちっとおいしいスパゲッティは、刀の支援の下で開発から製造、販売までを共に手掛けた初の乾燥パスタになる。消費者がパスタに求める価値を考え、緻密な市場調査や聞き取りをした上で、逆算の思考によって刀と開発した。

大石が好調な販売に驚いたのは、売る直前まで**「本当に売れるのか」**と半信半疑だったからだ。それは、08年に入社以来、営業一筋だった大石にとって衝撃的な出来事だった。なにしろ、今回の商品は、ニップンが長らく続けてきた、ゆで時間の短さや価格の安さを訴求する従来商品とは一線を画しているからだ。

パッケージに描かれているのは、湯気が立つパスタの写真と「もちっとおいしい」の大きな文字。機能性より、おいしさを前面に出している。おまけに、価格は同社の定番の「オーマイ」ブランドのパスタより1包装当たり100円程度高い。まさに従来とは

■市場を大きく上回る伸び

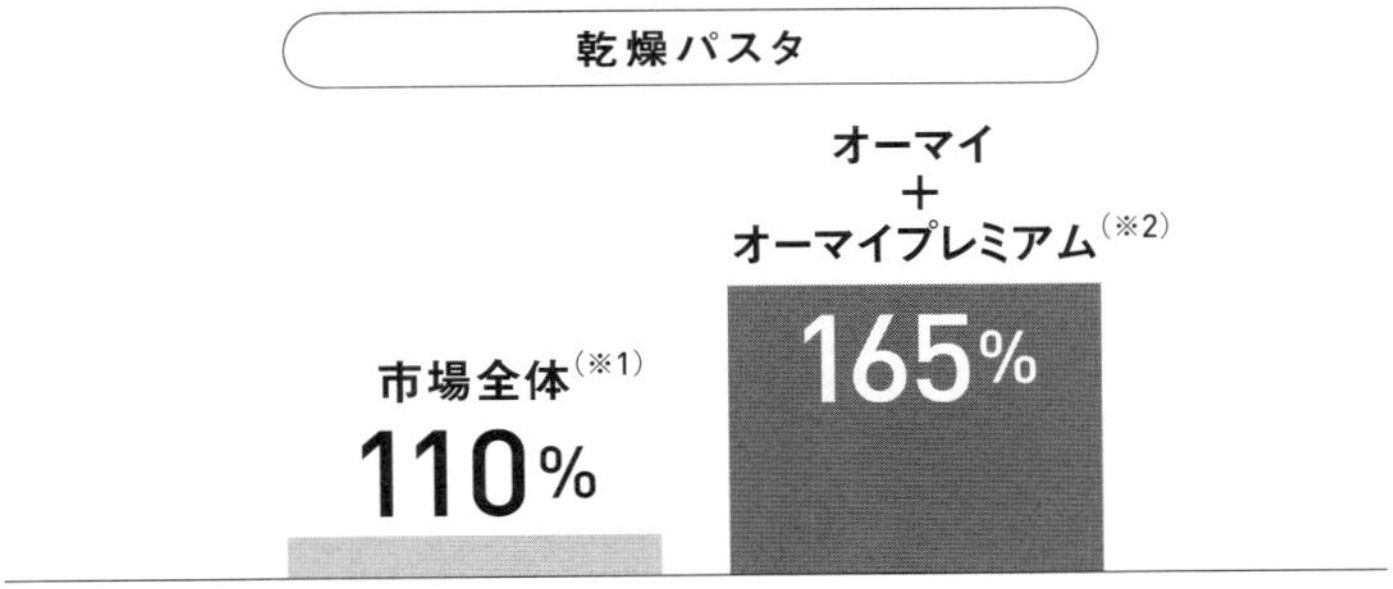

出典：マクロミルQPR乾燥ロングパスタ市場2023年3月～24年8月　100人当たり購入金額ベース市場前年同期比。ニップンの資料より作成
※1：乾燥ロングパスタ市場計　※2：オーマイプレミアム、オーマイブランド計

逆をいく商品だった。

売上高65%増の衝撃

「ここまで売れるとは思わなかった」

その結果には、ニップン社員だけでなく、全国の小売店の担当者までもが驚いた。販売はその後も堅調に推移している。23年3月から24年8月までの乾燥パスタの売上高は、前年同期比で65%増えた。簡便さや安さを売りにしていたのは、多くの競合も同じ。各社の乾燥パスタのパッケージにはゆで時間や太さの数字が並ぶ。

乾燥パスタとは、簡便性や価格で売るもの——。

業界では当然のものになっていた勝負の基軸。だが、刀の担当者は「**工業製品のようなパッケージ**」と違和感を覚え、ニップンの新商品ではその固定観念を覆した。

乾燥パスタは競合も多く、輸入品など低価格で販売するものも少なくない。レッドオーシャン化した市場で、いかにしてニップンと刀は新商品を生み出したのか。22年秋の刀との協業開始以降、ニップン社員が大きく考えを変えることになったのが「おいしさ」についてだ。

おいしさを追求するのは、食品会社として当たり前。しかし、ニップンにとっては、あまりに当たり前過ぎて、その価値を追求することを忘れていたところがあったという。実際、乾燥パスタの材料は基本的に小麦粉、水。それだけだ。「少ない材料でつくる乾燥パスタで消費者に違いは分からない」。いつしかそう考えてしまっている部分があった。「従来、新商品を出しても徐々に右肩下がりで売り上げが落ちていくのが、うちの商品の一般的な傾向だった」

ニップンのマーケティング推進部長を務める佐藤良樹は言う。新商品を出した直後は売れるので、「数を打てば当たる」と、少し味を変えて商品数を増やしたこともあった。刀側が出してきた仮説には当初、ニップン社員らは戸惑った。その仮説は、「**消費者は、本当はおいしさを求めている**」といった内容だった。

「初めて聞いたときは、なお『おいしさ』なのか、と。本当にその戦略がうまくいくのかと思った」。ニップンのマーケティング推進部の石倉あすみは振り返る。しかし、その考えは徐々に払拭されていく。

表情が一瞬にして変わる

22年の冬、ニップンと刀は、消費者に求められるパスタづくりに向けて、お宅訪問をしていた。消費者インタビューをするためだ。このときのインタビューの相手は主婦だ。

「どんなパスタがおいしいと感じますか」

「どこで食べたパスタがおいしかったですか」

様々な角度から尋ねて消費者が真に求める価値を探していく。その一連のインタビュ

ニップンでマーケティングを担当する石倉あすみ（写真＝北山宏一）

ーの中で、こんな場面があった。

「こんなパスタがあったらどうでしょうか」

ニップンの担当者が乾燥パスタの試作品のパッケージを主婦の目の前に差し出す。「もちっとおいしいスパゲッティ」の原型のようなモックアップだ。その商品を見た瞬間、主婦の表情がまるで花が咲いたかのように一瞬にして変わった。

「わぁ、こんなパスタがあるんですか。ぜひ食べてみたい」

その表情は、ニップン社員らにとって驚くべきものだった。明らかに一連のインタビューの中で主婦のテンションの高さを表す針が大きく振れた瞬間だった。こうした反応を示したのは1人ではない。その後に実施したインタビューでも、同様のモックアップを見せると、複数の消費者が同じ反応を示した。消費者はおいしさを求めている。そうした深層心理が表出した瞬間だった。

モックアップのパッケージに書かれた「もちっと」に消費者が反応したこともニップン社員にとっては意外だった。ニップン社長の前鶴俊哉は話す。「我々は（かんだときに少し芯が残る）『アルデンテ』が好まれると思って展開してきたが、消費者には、もちっとしたパスタが食べたいとの要望も相当数あることが分かった」

消費者が忘れていた需要を呼び覚ます

消費者が乾燥パスタでおいしさの追求を忘れたのは、ニップンをはじめとする各メーカーが、ゆで時間の速さや麺の太さなど機能性ばかりを訴えていたことが大きい。ニップンは、おいしさに原点回帰する戦略によって、消費者が忘れかけていた需要を呼び覚ました。

刀によると、「パスタに限らず、**当初はど真ん中を攻めていた訴求点が成熟市場になって本質から離れてしまうことはよくある**」という。乾燥パスタでいうど真ん中とは「おいしさ」だ。

刀CEOの森岡毅は言う。

「早くパスタがゆであがるというのは素晴らしい便益だ。ただ、その数分の違いとおいしさとを天秤《てんびん》にかけた消費者はいなかっただろう。消費者が本当に欲しいのは、おいしさ。**消費者の脳内構造を深く分析**していった結果、実は、この**〝ど真ん中〟が空いていることに気付いた**」

世間の多くの企業は消費者起点が大事と言う。ニップンもそうだった。最近、ニップン社内でよく聞かれる言葉がある。

「これは消費者のためになるでしょうか」

社員がチームに問い、自らに問う。ニップンにとって、刀との取り組みは「**本当の消費者起点**」とは何かを再認識するきっかけになっている。

業界2位企業の生き る道 提案営業は「選択と集中」へ

ニップンのパスタ事業の変革で、刀が重視したのは商品戦略だけではない。全国のスーパーマーケットなど小売店への営業手法も見直した。

そもそも小売店の棚に並ばなければ、消費者は商品を手に取ることさえできない。これは、第2章でみた数学マーケティングで重視する3要素「プレファレンス（相対的好意度）」「認知」「配荷」のうち、「配荷」に当たる。優れた商品であっても、このうち1つでも欠けると埋もれてしまう。

具体名は公になっていないが、日本全国の外食の名店から多くの仕入れ実績があるなど「ニップンの製品開発力は高い」と刀の森岡は強調する。商品力の高さから一度口にすると良さが伝わるニップンの商品は多い。ただ、これまで小売店での棚の獲得競争では競合に押され、陳列が思うように広がっていなかった。

『『もう一度買いたいのですが、どこに売っていますか』といった問い合わせが多くある。それは私が入社した頃からだった」。ニップン社長の前鶴はそう話す。そこで、全国の小売店の棚でニップン製品を幅広く置いてもらうため、小売りのバイヤーと接する第一線の営業の方法を変えた。


従来、小売店への営業はニップンの製品を売り込むだけに終始していた。それが今では、消費者が何を求めているかを調べて分析し、なぜそれが売れるかまで説いてみせる。さらには、地域性や客層などを考慮し、スーパーの各店舗が置かれている状況を分析。そのスーパーの来店客が求めているものから逆算し、他社製品も含む売り場づくりや品ぞろえのあり方までを提案する。ニップンが出す提案は、まさに小売店側が求めていた内容だった。効果はてきめんで、既に全国のスーパーから相次いでこんな声が上がる。

「ニップンさんがこんな提案をできるなんて」

「食感」で選ぶ売り場が登場

一例を見ると、ニップンの提案は売り場にこんな変化をもたらしている。

西日本が拠点のスーパーでは、ニップンの「もちっとおいしいスパゲッティ」が、競合である昭和産業の「太麺スパゲッティ」と共に並ぶようになった。いずれも歯応えや食感を楽しむパスタだ。

ゆで時間の短さなどの機能性や価格で差異化されがちだった単調な乾燥パスタ市場で、食感で選ぶ新たなカテゴリーが生まれている。「**消費者にとって彩りある選択肢が増えれば、市場は活性化する**」（森岡）。ニップンの新商品は、長らく硬直化してきたパスタ業界に一石を投じた。

小売店側の反応について、前鶴も「明らかに変わった」と手応えを感じる。「以前とは変わっているようですが、何かしていますか」。前鶴は「協業を始めて半年後には同業他社からひんぱんにこう言われるようになった」と話す。だが、ニップンと刀が正式に協業を発表したのは、協業を始めてから1年後のこと。発表前から、業界ではニップンの変化が話題になっていたのだ。

営業担当者はこれまで、小売店との関係構築は夜の会食やゴルフ、表敬訪問などに頼っていた部分もあった。こうした手法で関係をつなぐのは、どこの業界でもよくあることだ。ただ、ニップンはこれらの関係構築に加え、小売店とのコミュニケーションの中身も変わってきたという。今では「**もっと分析をお願いしたい**」と小売店側からニップンに声がかかる。

小売店が「この提案を役員に上げます」

さらに、付き合う階層は、小売店のバイヤーとニップンの担当者という現場の関係にとどまらず、より上層へと上がっている。

「非常に中身のある分析なので、**この提案は役員に上げます**」

小売店のバイヤーからはこんな声も出ているという。前なら梨のつぶてだった役員への面会のお願いについて、小売り側から要請が来るようになった。バイヤーから部長、役員へと付き合う階層が上がり、それにつれて取り組む内容や視座も高くなっている。「個別の商品の話から、売り場や店舗全体のお役立ちについても話をするようになった」とニップンの大石は語る。それまでは取引先という関係性だった小売店が、新たに市場をつくる「**共に取り組む相手に変わった**」(大石)。ニップンの消費者起点の活動は、小売りをも巻き込んでいる。

小売店への提案では、的確な分析はもとより、伝えることの「選択と集中」も進めた。ニップンと刀が打ち出した、強いブランドを軸にする「**マスターブランド戦略**」がその核になる。

食品メーカーは基本的に年に2回、新商品を発売する。それに合わせて、発売前にメーカーがスーパーなど小売り各社に説明。ただし、その時間は限られる。ニップンの24年春夏の新商品は10品強あったが、ある大手スーパーで同社に与えられた説明の時間はたった30分。その説明で、ニップンが採ったのが、約10品すべてについて説明をするのでなく、力を入れる商品に焦点を絞ることだ。焦点を当てたのが、同社の高級パスタブ

■ニップンのマスターブランド戦略

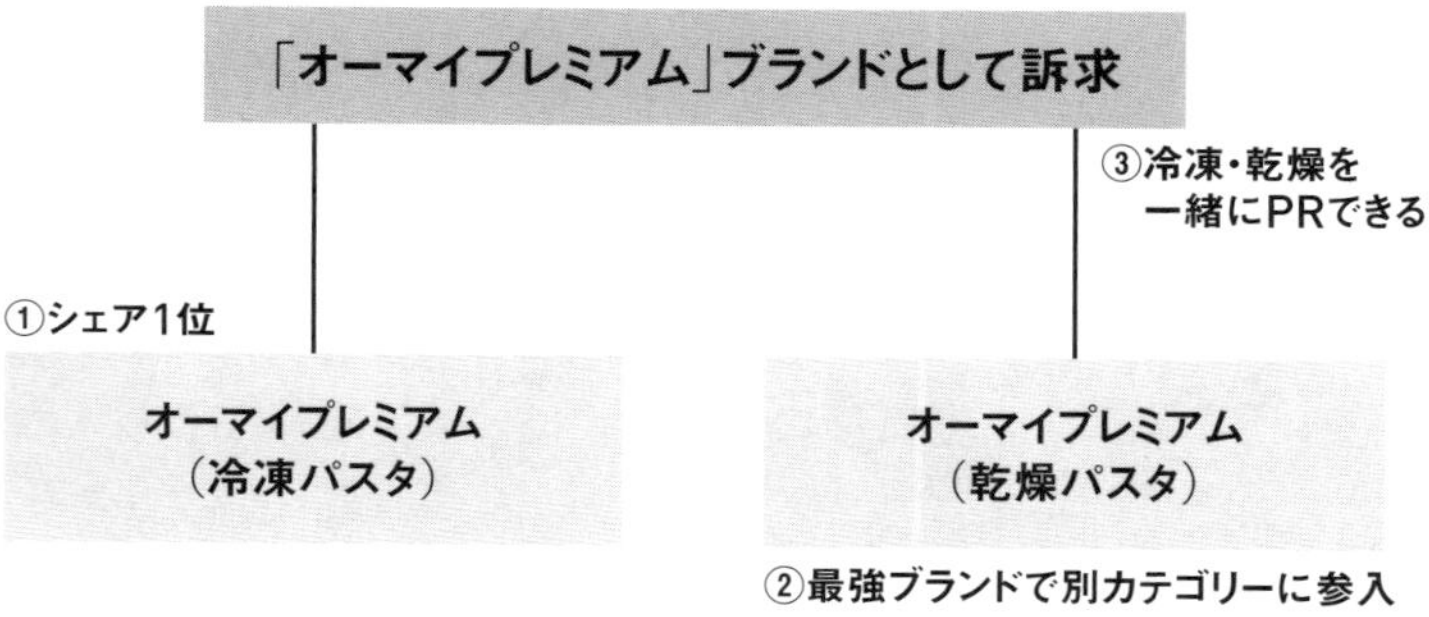

ランド「オーマイプレミアム」。元は冷凍パスタのみの展開だったが、24年春、新しく乾燥パスタの商品を投入したブランドだ。

ここでニップンと刀が採用したマスターブランド戦略について見てみよう。**最上位のブランドを「マスターブランド」と位置付け、その下でサブカテゴリーとなる複数の事業を展開する手法**だ。ニップンのパスタの場合、「冷凍パスタ、乾燥パスタをオーマイプレミアムという1つのブランドで展開する」(森岡)。

ニップンの大石は「小売店のバイヤーは何社もあるメーカーから商品の提案を受けているので、こちらが**多くの商品の説明をしても印象に残らない**。これまで総花的に商品の説明をしていたが、**オーマイ**

プレミアムに主眼を置いてプレゼンするようになった。長く営業を担当してきた私の中で非常に響く戦略だった」と話す。

「小よく大を制す」戦略で業界1位に挑む

マスターブランド戦略を最大限生かすため、ニップンと刀はブランド構築のための3つのステップを考えた。

180ページの図を見てほしい。まず、マスターブランドには、冷凍パスタ市場で1位の座にあるオーマイプレミアムを選んだ。同社の中で最も強いパスタブランドだ。マスターブランドを決めると、今度は、冷凍パスタの1位の座を一段と盤石にするため、消費者から支持されている「具の大きさ」をより強調する商品に仕立て、パッケージでもそこを訴求した。そして、次に打ち出したのが24年2月からのオーマイプレミアムブランドの乾燥パスタの展開だ。冷凍パスタで強さに磨きがかかったブランドを、ニップンにとって〝**挑戦市場**〟になる乾燥パスタ市場に投入した。この戦略の利点は、マスターブランドに経営資源を集中することによって効率的なブランド構築が可能になることだ。

「マスターブランドにする1つの大きなメガブランドをつくれば、**サブカテゴリーにおいて優位な競争ができる**」と森岡は話す。

森岡はこの手法について「**小よく大を制す戦略だ**」と強調する。製粉業界2位のニップンの前には、「マ・マー」ブランドを展開する業界トップのガリバー、日清製粉グループ本社が立ちはだかる。その中で、この戦略は業界2位がガリバーに立ち向かう策との意味もある。

森岡らは、かつて在籍したUSJが、国内首位の東京ディズニーリゾートに立ち向かった姿をニップンに重ね合わせる。事実上の経営破綻からはい上がったUSJの躍進は、十分な資金がない中で、アイデアや戦略次第で勝てることを世に示した。持ち手を戦略的に使うことで業界1位に対抗できる。ニップンの変革は、業界2位以下の多くの企業にとって示唆に富む。

消費者価値を心と頭で理解 泥臭い仕事は「実戦方式」で伝授

そもそも、ニップンが刀にマーケティング支援を依頼したのは、一般消費者向けの食品事業をてこ入れするためだ。明治期に創業したニップンの祖業は、業務用がメインの製粉事業。そこで一定の売上高を確保してきた。だが、伸びしろであるはずの食品事業では苦戦を強いられてきた。「閉塞感が漂い、結果につながらない状況が何十年もあった」とニップン社長の前鶴はいう。

試行錯誤を重ねても苦戦が続いてきた中で、今度こそ、この状況を打破できないか。そんな中、現場から上がってきたのが、「**組織としてマーケティングを習得すべき**」との声だった。これまで個々で取り組んでも変わらなかったものを組織全体で取り組もうといった提案だった。その過程で出てきたのが、ＵＳＪを再建に導いた森岡率いる刀の名

ニップン社長の前鶴俊哉（写真＝北山宏一）

前だ。
「協業は会社として大きな決断だった」と前鶴は振り返る。刀が移植するのは、営業や広告を指す狭義のマーケティングではない。開発に至るまで組織を挙げて取り組む広義のマーケティングだ。「社内のあらゆるリソースを割く必要があった」（前鶴）。協業にかかる費用も決して安くはない。
それでも、ニップンが決断したのは、刀から移植されたノウハウが人材に残ると考えたからだ。「人的投資」。前鶴は今回の協業をこう表現する。協業期間は22年10月から3年の予定。「この3年間に**刀からニップンへノウハウをすべて移植します**」。刀側は協業前、前鶴にこう伝えた。

刀のコンサルティングの特徴は、ノウハウの移植である点だ。つまり、結果が出ても、協業期間だけで終わらせる一過性のものにはしない。刀は、ノウハウを人材に定着させ、その後も継続して成長できる状態をつくることを目指す。

企業に「釣竿と釣り方」を備える

森岡は刀のノウハウ移植を魚釣りに例えてこういう。

「魚が欲しいとき、魚を外注し続けることは本質的な解決ではない。企業様にとって本当に必要なのは、**自ら魚を釣れる能力『釣竿と釣り方』を備えること**」

その移植において、刀が重視するのが実戦方式だ。座学で方法を伝えるのでなく、刀の社員がニップン社内に入り込み、共に戦略を練り、実行していく。ニップンとの協業では、「調査・分析」「ブランド開発」「営業」「広告・PR」の各担当にそれぞれ刀側の担当者が付き、密に面談やミーティングを重ねる。マーケティング推進部の石倉あすみは「毎日のように刀の方が会社に来る。(普通のコンサルとは)**入り込み方が違う**」と話す。開発本部の青柳美玲も「フラットに一メンバーとして携わっていただいている」と笑顔を見せる。

距離感はもはや、社員と社員のレベルに近い。例えば、消費者インタビューで聞いた言葉からどういった情報を捉えるか、共に議論して読み解いていく。データ分析でも、膝を突き合わせてノウハウを伝える。森岡は「マーケティングは泥臭い仕事。**一緒に働いて、一緒に汗をかいてこそ、内製化できる**ようになる」と強調する。

消費者価値に気付く瞬間

ニップンとの協業で刀側の責任者を務める阿部一貴は、ノウハウ移植を進める上で重要な3つのポイントがあると説く。まず、①消費者が求める価値を心と頭で理解する。そして、②結果を出し、さらに③その結果を出し続けられる組織の構造に落とし込んでいく。

心で理解する点では、前出で紹介したお宅訪問による消費者インタビューの際に主婦が見せた表情はニップン社員にとって大きな気付きになった。

「**自分たちが信じていたことが目の前で壊れたとき、消費者は実はもっと違うものが好きなのかもしれないと気付く。**消費者が求めるものを追い続ければその瞬間は必ずやってくる。あの瞬間は1つのトリガーになった」（阿部）

人はこれが正しいと説明をされたとき、頭では理解しても、腹落ちしなければ本当の意味で動けない。企業改革でも、ここでつまずく例はごまんとある。現場がその意義や必要性を真の意味で理解していないからだ。刀のノウハウ移植はここを重視する。「最初のブランド設計のプロセスで**心と頭で理解**する。ここは半年から1年かけて積み上げていった」と阿部は話す。

ブランド設計によって消費者価値を理解できれば、それに沿った商品を市場に出す。ここで結果が出れば、大きな自信となり、確信につながる。実際、ニップンの開発担当の青柳は、「オーマイプレミアムのヒットは、関わった**多くの社員にとって成功体験**になっている」と話す。

さらに、仕組みとして落とし込むことで不可逆性を持たせ、「組織内の人が入れ替わっても、**永続的に機能する**ようにする」(阿部)。例えば、森岡が在籍していたＵＳＪでは、マーケティング本部の下に開発部門を配置させ、すべての部門が消費者起点で動けるようにした。ニップンでも同様の部署が設置され、開発から営業、広告に至るまで十数人が属している。

ノウハウの移植と同時にそれ以上の効果も生まれている。ニップン社内では、トライしたことが結果につながる好循環が生まれ、社員の成長意欲が増している。

「これまでは自分の中で考えるだけで、その方法が合っているのかと思うことがあった。今は、会社としての強い戦略があり、これをやれば絶対に会社のためになると信じられる。**正しい道だと信じて取り組めるようになった**ことは、大きなモチベーションになっている」と青柳は話す。社長の前鶴も「社員の意識は間違いなく変わってきた」と手応えを感じる。

ニップンは25年3月期には冷凍・乾燥パスタのオーマイプレミアムの売上高を前期比で3割増となる１２０億円に引き上げる。「30年に目指す売上高５０００億円の目標に向けて家庭用商品を強化する」(前鶴)。初の大台達成に向けて、パスタなど食品事業での飛躍を目指す。

創業100年を超える老舗企業に変化が起きている。ニップンが新たな武器を手にしたことで、何十年と動かなかった大きな石が動き始めた。歴史ある企業でもマーケティングによって大きな変革を遂げることができる。森岡や刀は、ニップンを通じてそれを証明して見せた。

第6章

最大の敵は「投資」

森ビルも驚く再生術
ヴィーナスフォートは「まだ使える」

２０２４年3月、東京・お台場に開業したイマーシブ・フォート東京は、既存の建物を〝居抜き〟で活用している。元は22年3月まで営業していたショッピングモール「ヴィーナスフォート」だ。運営会社の森ビルが解体しようと考えていたところ、刀から思わぬ提案が舞い込んだ。飲食店業界では珍しくない居抜き。ただテーマパークでの活用は前代未聞だ。その構想はどのようにして生まれたのか。そこには刀があらゆる事業で用いる独自の考えがある。

「あるものを生かせば、すごい空間ができる」

第6章　最大の敵は「投資」

ヴィーナスフォート時代のつくりを生かしたアトラクション「ザ・シャーロック」。小説「シャーロック・ホームズ」の世界観を体験できる（SHERLOCK HOLMES, DR. WATSON, and are trademarks of Conan Doyle Estate Ltd.®）

「あの建物を壊すのはもったいない。大規模改修した上で使うことを検討できないか」

窓口として刀からの提案を受けた森ビルの上田晃史は、耳を疑った。

ヴィーナスフォートは1999年の開業後、修繕を繰り返して営業してきた。このまま残したとしても、建物の維持管理だけで莫大なコストがかかる。とても「使いたい」と申し出る事業者は現れないだろう。将来開発のために、いったん更地にするというのが社内の既定路線だった。

森岡はヴィーナスフォートについて「久々に行ってみたら『**僕はまだ使える**』と言っているように聞こえた。施設内のつくり込みがすごく、今あるものを生かせば、すごい空間ができると思った」と振り返る。

例えば、ヨーロッパ風の街並みを活用しながら、照明を暗くし、音響や装飾を変えるだけで、ダークかつミステリアスなエンタメ空間に変わる。建物を取り壊して新築するとなると莫大な開発費が必要だが、居抜き出店であれば初期投資はかなり抑えられる。ヴィーナスフォートの場合、元がショッピングモールなので屋根があり、空調も完備している。季節や天候に左右されず、快適に過ごせるのも魅力的に映った。

東京のお台場という立地もインバウンド（訪日外国人）がたくさん集まる東京の中でも、観光ルートの一つになっており、イマーシブシアターという新しいエンタメを世界に発信するには絶好の場所だと森岡は考えた。

「これだけ素晴らしい施設があり、（森ビルも）我々を歓迎してくれている。この球を打たないのであれば、**何のためにエンタメとマーケティングの看板を掲げているのか**と自問自答して（今回の計画を）実現できるだけの能力を整えてきた」（森岡）

建物は森ビルが所有している。イマーシブ・フォート東京は、森ビルから建物を賃借し、刀として企画・開発から運営まで自社で行う初のテーマパークだ。

刀はひとたび入居を決めると、開業まで一気に準備を進めた。工事にかけられる期間はたった1年。それは、建築や工事作業者が全国的に人手不足となる中、「通常ではあり得ない短いスケジュール」（刀担当者）だった。

工事を業者に丸投げしていれば工期が遅れていた可能性がある。ここで力を発揮したのが、刀が社内に抱える技術者だ。プラント大手で発電所の建設に関わったことのある社員もいれば、外資メーカーで海外工場の建設に携わってきた社員、通信大手に在籍していた社員もいる。

そうした知見を多いに生かし、工事プロセスで省略できる部分、残して使える部分を洗い出し、刀側で工事計画の大まかな概要をつくった。業者の言い分を、うのみにはしない。対等に議論できたからこそ、迅速に工事を進められたという。

噴水が円形ステージに変身

イマーシブ・フォート東京に足を踏み入れると、ヴィーナスフォート時代の設計が貪欲に生かされていることが分かる。例えば、ヴィーナスフォートで来場客らの待ち合わせ場所になっていた円形の噴水広場の変身は象徴的だ。閉館後、イマーシブ・フォート東京の製作責任者である刀シニア・クリエイティブ・ディレクターの津野庄一郎らが森ビル担当者に案内されて初めてヴィーナスフォートを視察したときのことだ。

「噴水は水が出にくくなっているところがありますが、手を加えると使えますよ」

噴水広場まで来たところで、森ビル担当者はこう説明してくれた。しかし、そんな親切な説明をよそに、津野らは既に別の使い方を頭に描いていた。

「これは、ステージだ」

その場にいた刀のスタッフは噴水広場を見た瞬間、一斉にそう思ったという。津野は振り返る。

「私たちは、池にどうやって蓋をすればいいかなど、ステージをどうつくるかを考えていた。もう、意識はそこに向いていていました」

かつての噴水広場は「ゴールデンプラザ」と称し、イマーシブ・フォート東京の中で最も人が集まるメインスポットへ変身した。中心にある女神の彫刻はそのままに、池を

ヴィーナスフォートの噴水広場(写真上)を、イマーシブ・フォート東京では円形舞台「ゴールデンプラザ」として活用(写真2点＝刀)

無くして階段を付けて、役者が歌って踊れる円形のステージに生まれ変わった。青空や夕焼けの映像が映し出されていた天井は、円形スクリーンに姿を変え、音楽に合わせてアニメ映像が映し出される。噴水広場はライブ空間へと変貌した。

ステージにする上で、円形であることも好都合だった。

「一方向から見るステージの場合、ゲストが増えれば増えるほど後列の人は見えにくくなる。一方、円形のステージは360度から見られるので視認性の点で合理的だった」(津野)

おまけに、吹き抜けになっているゴールデンプラザの周囲にある建物は2階建てになっており、ゲストは高い位置から見下ろすこともできる。噴水広場はステージに変えるには、格好の場所だったのだ。

これまで例のない既存物件でのテーマパーク開業。ヴィーナスフォート跡地の再開発について声がかかったとき、刀から居抜きの発想が出てきたのは偶然ではない。17年創業の刀は、精鋭こそ集まるが、まだ小さなスタートアップであり、資金の余力は十分とは言いがたい。そこで考えたのが、全国にある使われなくなった不動産の活用だった。

イマーシブ・フォート東京を運営する刀イマーシブ社長の田村考は「あの建物を使うとしたらどうなるだろう、季節もののイベントにして巡回にしたらどうだろうなどと**アイデアレベルで定期的にゆるやかな議論を繰り返してきた**」と振り返る。

具体的な建物も想定して、入り口や出口の場所や大きさなどから防災上のリスクをシミュレーションしたこともあった。そして、不動産関係者などには、むしろ、既存建物の空き物件を探してほしいと依頼していた。

「新たな土地が欲しいといったことや（新ビルなどの）新しいプロジェクトに入らせてほしいというオーダーはほとんどしていない」と刀イマーシブの担当者は明かす。

刀は、居抜き出店という事業モデルの応用も考えている。田村は「非常に再現性が高い」と強調する。

刀いわく、イマーシブ・フォート東京は、数多くのイマーシブ体験ができる世界初の施設だ。同社はこれを米ニューヨークや英ロンドンなど、世界の主要都市に展開する構想を抱いている。その際に居抜き出店の事業モデルが生きると見る。

劇場やホール、学校や庁舎など、建築物として魅力的なコンテンツを持ちながら、既にその役目を終えた施設は日本だけでなく世界に数多く存在している。ヴィーナスフォート閉館から2年もたたないうちの、イマーシブ・フォート東京のスピード開業。森ビルから声がかかった際に、すぐに居抜きで活用することを提案できたのも、それ以前から既存施設の利用を想定していたからだ。その構想は世界展開へとつながっていく。森ビル担当者も驚いた居抜き活用によるテーマパーク開業は、創業以来繰り返してきた周到なシミュレーションから生まれたのだった。

カネをかければいい　その発想が組織を壊す

「エンターテインメント企業にとって**最大、最悪の敵は投資**。設備投資の比重があまり

にも大き過ぎる」（森岡）

それは過去の実例からも明らかだった。

森岡はＵＳＪ時代、廃業した遊園地を約50カ所調べた。すると、投資が需要を上回ったが故に立ち行かなくなったケースが１００％だったという。需要は、商圏の大きさや人口を調べれば、ある程度分かる。それにもかかわらず、需要を上回る投資をした結果、廃業に追い込まれてしまった。

刀が投資を判断する際、軸に置くのが投資と需要の綱引きにおいて需要が上回っているかどうかだ。

過去には大きな投資を実施したこともある。本書でもたびたび書いてきたが、ＵＳＪ時代には約４５０億円の投資をした「ハリー・ポッター」エリアの新設に踏み切っている。だが、これも、「（需要と投資の）**綱引きで需要が勝っていた**から」（森岡）。今西と共に複数のアプローチによって需要予測を計算し、投資以上の需要が得られることを導き出した。「（会社規模に照らすと）投資額は巨額だったが、はるかにそれを上回る需要があると分かった」と森岡は振り返る。

独自の数学マーケティングによって導き出した需要予測を、投資額と照らし合わせる。このバランスで需要が大きくなり、投資が小さくなるほど成功確率は高まると考える。

では、どのようにして投資を最小化するのか。一番の鉄則は「**あるものをうまく活用すること**」と森岡は言い切る。イマーシブ・フォート東京ではどうか。

「ゼロからつくるとめちゃくちゃお金がかかる。私には、『**先に投資をしてくださっている案件**』に見えた」

「**特徴は（そのまま）生かした方がいい**。それをこちらの都合で塗り潰すと、かえって投資が増える」

これが森岡流の考えだ。もっとも、大前提として消費者が求める最適なサービスを提供すること。その上で、構想に沿うように資産の特徴をとことん生かすのだ。

ＵＳＪ時代の森岡の功績ではハリー・ポッターエリアの巨額投資に注目が集まりがちだが、実は、森岡はそこに至るまでの方がむしろ大変だったと語っている。入社した10年当時のＵＳＪは入場客数が大幅に低迷していた。資金に余力がない中でいかに集客できる策をひねり出すか。おまけに14年のハリー・ポッターエリア開業に向け、事業での失敗は許されない状況だった。

そこで打ち出したのが、後ろ向きに走るジェットコースターやハロウィーンイベント。映画のテーマパークだったＵＳＪに、日本のゲームやアニメのコンテンツも起用し、客層を拡大した。いずれもアイデア重視で投資額を抑えた策。そこで投資に対して需要が大きく上回った。ハリー・ポッターエリア開業前の13年度には、01年度の開業以来12年ぶりに来場客数１０００万人の大台を突破していた。

「あるものをうまく活用する」観点で成功した例はほかにもある。例えば長崎県のハウステンボスがそれだ。

１９９２年に総工費約２２００億円をかけて開業したハウステンボスは、オランダの街並みを再現し、一つひとつの建築物は本場に劣らぬレベルでつくられ、重厚感を醸し出す。だが、それらの建物への投資が大きいあまり、客数が低迷すると新たなアトラクションを建設できないスパイラルに陥り、その街並みに批判の目が向けられてきた。

森岡の見方は異なる。

「私はそうは思わない。**あの建物こそが武器になるように戦略をつくればいい**」

23年秋に生まれたのが、オランダの宮殿を再現した「パレスハウステンボス」を舞台にしたホラーイベントだ。従来、美術館として日中の利用にとどまっていた建物を夜間にも活用。夜になって表情を変えた暗闇の宮殿で、亡霊が襲いかかるという設定だ。ホラーと暗闇の宮殿がマッチし、来場者の恐怖心を一層かきたてる。既存施設を生かした新たなアトラクションは大ヒットとなり、24年秋もイベントを開催した。

「お金をたくさんかけたら事業がうまくいくと思うかもしれないが、そうではない。むしろ逆だ。**お金をかけすぎるとテーマパークは失敗する**」（森岡）

需要が投資を上回ってこそ成功確率が高まることは、テーマパーク業界に限らない。巨大工場の建設やM＆A（合併・買収）で過剰投資がたたり、会社が傾くのも、その典型例だろう。投資より需要が上回ることは、あらゆる事業に応用できる考え方だ。

地元も気付かなかった強み「やんばるの森」は沖縄の資産

「ここには隆起もあれば天然の谷もある。この地形を使えば、**平たんな土地ではできない面白いことができる**のではないかと、いろいろなアイデアが湧いてきた」

沖縄北部に25年に開業する大自然のテーマパーク「ジャングリア」。森岡は建設地を決めた理由をそう説明する。ジャングリアの事業でも、地元の特徴やその土地の形状を生かす考えがベースにある。元はオリオンビールが運営するゴルフ場だった。起伏ある地形はそのまま生かした設計にするのだ。

辺り一帯は亜熱帯の木々で生い茂るエリアでもある。沖縄と言われて多くの人が想起するのは海だろう。しかし、海ではなく、あえて緑に注目した点も、刀ならではだ。ジャングリアの出資者に名を連ねる沖縄の不動産会社、ゆがふホールディングス社長の前

ジャパンエンターテイメントCMOの森崎菜穂美（写真＝北山宏一）

田貴子は言う。
「本来、沖縄といえば海のイメージ。でも、森岡さんの目には山や森の大自然も魅力に映った。地元にとって当たり前の存在だった亜熱帯の森にフォーカスをしてくれたのはありがたい」
刀が特に着目したのが、沖縄のやんばるの森だ。刀が筆頭株主となるジャングリアの運営会社、ジャパンエンターテイメントCMO（最高マーケティング責任者）の森崎菜穂美はその魅力を語る。
「沖縄の木々は整然とまっすぐに伸びていない。その独特の形が生命力を感じさせ、見る者に大きなパワーを与えてくれる」

■沖縄は片道4時間圏内に20億人を抱える
●片道4時間圏内にあるアジアの主な都市

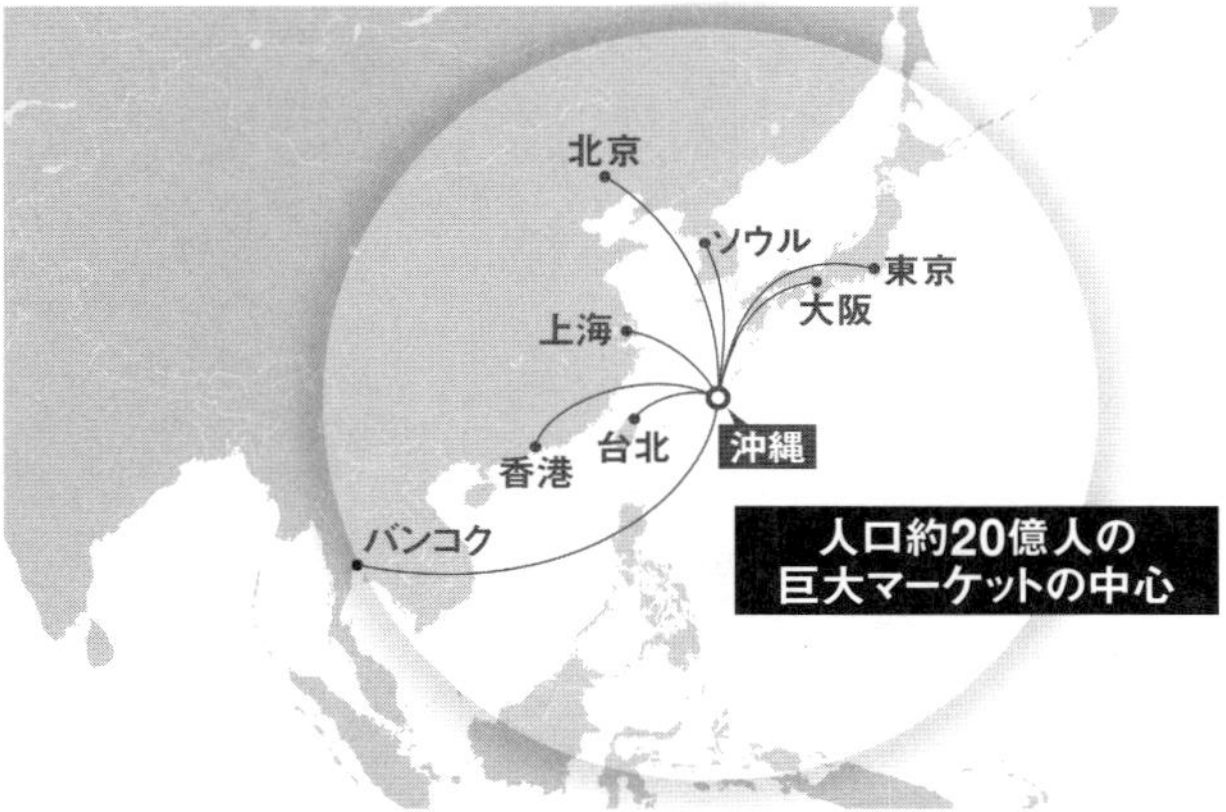

本土ではあまり目にしない、うねるように勢いよく天に向かって伸びる木々――。

森崎は普段から、せわしない日々を送っている都市部で暮らす人にこそ、そうしたやんばるの森が醸し出す独特の雰囲気が大きな価値をもたらすとみる。

「やんばるの森は世界自然遺産にも認定されている。その価値をもっと広く認知させ、関心を高めていきたい。沖縄、そして日本の素晴らしい資産」（森崎）。刀が見いだした海と並ぶ沖縄の新たな魅力をジャングリアの魅力に重ねて訴求していく。

沖縄県は地理的条件でも優れていると刀

は見る。世界的な南国リゾート都市といえば、日本人も大好きな米ハワイがある。観光都市としての発展程度を見ると、現時点で沖縄は大きく水をあけられている。それでも、沖縄の地理的条件の良さはハワイ以上というのが彼らの見方だ。

「沖縄には**片道4時間圏内に20億人もの人口を抱える**が、ハワイは同じ距離圏内にイルカしかいない」

森岡は沖縄のポテンシャルを語る際にジョークを交えて話すが、込めたメッセージは真剣そのものだ。いずれも青い海、緑豊かな自然を擁するリゾート。だが、太平洋のど真ん中に位置するハワイに比べると、たしかに沖縄のアクセスの良さは抜群だ。沖縄を中心に片道4時間圏内のエリアで円を描くと、東京以外に香港や上海、台北、ソウルといったアジアの主要都市が数多く入る。

すべての事象に特徴がある

地元の人さえ意識していなかった強みに着目し、その良さを最大限引き出す事業計画を打ち出す。刀がそうした考えを重視するのは、その考えに沿ってこそ、成功確率の高い需要と投資のバランスが実現できると分かっているからだ。

事業を始めるとき、多くの経営者は白いキャンバスに自分の絵を自由に描きたいと考えるだろう。テーマパークは都心の一等地の更地につくろうとするのが一般的だ。経営トップが交代したときはどうだろう。新社長は先代とは全く異なる事業に取り組みたくなるかもしれない。

しかし、森岡はこう言う。

「全く新しいことをやっても意味がない」

歴史やこれまでの取り組みがあるなら、それを振り返った上で、生かせるものは生かす。その方がゴールは近くなると森岡や刀は考えるためだ。

「その物件、その人、その文脈、すべての事象には特徴があって、その**特徴をプラスに捉えるのも、マイナスに見るのも、戦略家の能力次第**」（森岡）

地域、不動産、人材に至るまで、あるものを見たとき、特徴や強みを探し出した上で、それにどこまで可能性を感じ取り、さらにその先の未来の姿を描けるか。

ヴィーナスフォートの居抜き活用や未開発の沖縄北部でのジャングリア開業……。刀から独自の発想が出てくるのは、強みや特徴はどこにあるかの視点を強く持っているからだ。エンタメ事業にかかわらず、あらゆる事業、ひいては人材活用のあり方にも応用できる考え方だろう。

「超攻撃型」組織だからオフィスは質素

投資と需要の綱引きで需要が上回るか。その判断は事業だけでなく、自社の運営にも反映されている。一番分かりやすいのが、オフィスだ。

17年創業の刀の本社オフィスは23年秋に移転するまで、大阪市内のマンションの一室にあった。驚くのはあまりに質素であるということ。メゾネットタイプで、広さは100平方メートルほどしかない。記者が取材をするのは、決まって玄関から入ってすぐの「リビング」だった。そこには大きなテーブルが置いてあり、社内の会議も開いているようだった。マンション自体もビジネス街の真ん中から少し外れたエリアの住宅街にあった。

刀はこの頃、沖縄にジャングリアを建設するための資金集めに奔走していた。約700億円の事業規模で、20年1月には大和証券グループ本社と資本提携し、140億円の出資を受けた。ビジネスでは既にビッグマネーが動き始めていた。それに比べると、刀本社は非常に質素なたたずまいだった。当時、専務執行役として刀への出資で先頭に立って動いた大和証券グループ本社社長の荻野明彦も、質素な本社に驚いた一人だ。

「大阪の本社を訪れるとマンションの一室のようなところだった。当時、森岡さんは資金が入っても利益が出てもオフィスは移転しないと言っていた。彼はそういう無駄使いはしないようだ」

質素なオフィスには、森岡独自の考えがある。

「刀はいつまでも**快活で軽快なベンチャーでなければいけない**。オフィスの移転に伴って、社内から内装をもっと豪華にしたいという意見もあったが、『10年早い』と返した」

刀は大阪と東京にそれぞれオフィスを構える。23年秋に両拠点をほぼ同時期に移転したが、以前は東京オフィスも大阪同様に小さかった。見かねた大和証券側が東京・丸の内にある自社オフィスの一角を使うよう声をかけたが、森岡は首を縦に振らなかった。

「オフィスが立派になると、**達成感が出てしまう**」（森岡）

刀はまだ成長途上にある。その社員が、身の丈に合わない立派なオフィスに毎日のように通えば、勘違いしかねない。自身も含めた刀のメンバーが創業の精神を忘れないためでもある。

スタートアップの経営者が、会社が成長してくると見晴らしのよい高層ビルの華美なオフィスに移るというのは時々聞く話だが、森岡にはそうした考えはみじんもない。

「よく相談を受ける。渋谷の一等地にオフィスを構えるのが夢だった、と。でも、あなたのそんな夢はどうでもいい。**本社ビルにお金をかけ始めて会社が傾く例を僕はいくつも見てきた**」（森岡）

移転後の刀のオフィスは広くはなったが、華美ではなく質素だ。複数の会議室がある点も以前と違う。記者の取材場所は、「リビング」から、今では個室の会議室に変わった。創業から6年がたった23年秋、ようやくオフィスの移転を決めたのは、社員数が増えてきたことに加えて、24年春に初めて新卒採用した数人が入社してくるためもあった。「リアルでなければ人は育たない。鍛えるのは知識だけではない。**プロとしての情緒も鍛える**必要がある」（森岡）。オフィス移転よりも、新卒採用者が入社してくることの方がよほど感慨深いと森岡は語る。

もっとも、森岡には今後もオフィスを豪華にする考えはなさそうだ。

「オフィスにお金をかけないのは2つの意味がある。人に油断を与える。そして、オフィスにお金をかけると、投資と需要の綱引きで不利になる。つまり、**キャッシュ・フロー（現金収支）が悪化**する」（森岡）

刀はオフィスにお金をかけないだけでなく、福利厚生の内容も限定的だ。「社員数が30～40人に増えてきた頃、福利厚生を充実させようとの話が上がったが見送った」（森岡）

理由は「巨大な人事総務が必要になるから」。福利厚生は社会保険や交通費支給など、最低限にとどめている。福利厚生が限定される分、社員の給与を充実させたり、採用を増やしたりする方にリソースを集中させる。

「我が社の優秀な人事担当者には、福利厚生について考えることで手を煩わせるのではなく、人をどう配置して組織を強くしていくかに頭を使ってほしいから」（森岡）。

ただ、刀には特長的な福利厚生が1つある。配偶者やパートナーとペアで受けられる高級人間ドックだ。

「刀は知識のチェーンのような会社。1人でも途切れるとダメージは大きい。ペアで受診できるようにしたのは、その**配偶者やパートナーが病気になっても影響が大きい**から」（森岡）。頭部MRI（磁気共鳴画像装置）や腹部・胸部CT（コンピューター断層撮影装置）なども入ったコースで、実際、社員が深刻な病気を早期発見できた例もあったという。

ほとんどの人材をフォワードに

人事担当者には、いかに強い組織をつくるかの「戦略人事」に集中させる。

「僕は戦略にメリハリを付け、守備は徹底的に削った。短期間で会社を成長させる目的に応じて、不要なものはできるだけカットした。ゴールキーパーは1人、ディフェンダーは1人、あとは**すべてフォワードにしたかった**」（森岡）

こうした組織体制を森岡は「超攻撃型」と説明する。今後は徐々に守りも強化していく予定だが、成長期にある今は攻めを重視する。目指す姿が明確に見えているからこそ、今は成長の要となる人を中心に投資を集中させる考えだ。そして、森岡はこう言った。

「数年後にどこかの一等地にビルを購入してそこに僕たちがいたら笑ってください。『言っていたことと違うじゃないか』って。僕の目の黒いうちは絶対にない。ビルを買えるお金があったら、若い優秀な人材を雇う。僕は、人を育てるためにお金を使いたい」

人・モノ・カネ——。企業が持つ限りある資源をどう活用するか。森岡はすべてにおいて、投資と需要の綱引きによって判断する。それが成功確率を高める経営の根源となっている。

第7章

最強組織は個人の可視化でつくる

本人も知らない強みを探す刀流人材育成術

「複雑な事象を因数分解して整理した上で戦略を立てられる。あなたにはそんな力がある」

2022年春、刀に入社して数カ月の芦田真知子は刀の経営執行部に、自らが携わる高血圧のオンライン診療事業を手掛ける子会社イーメディカルジャパンについての進捗を報告していた。順調に進んでいる部分とそうでない部分に分け、その理由と対策を説明した。そのとき、CEOの森岡からかけられたのが、冒頭の言葉だ。

30歳の芦田はユニリーバ・ジャパンなどを経て21年に刀へ転じた。それまでも漠然と複雑な問題をシンプルに考えるのが得意だとは思っていた。森岡の言葉によって、それは大きな自信へと昇華した。

刀の芦田真知子は「誇りを持って自分の強みを磨いていこうと思った」と話す（写真＝北山宏一）

約10年勤めた楽天グループを辞め、20年に刀に入社してイーメディカルジャパンを立ち上げた塩谷さおりも同じような経験をしている。採用面接における人事部門からのフィードバックで、自分の強みに気付かされたのだ。

「リーダーシップと思考能力を駆使した結果、コミュニケーションが必要だと自分で選択しているだけで、実はリーダーシップと思考力があなたの強みだ」

それまで周囲からは「コミュニケーション能力だけで仕事をする傾向がある」と見られていたという塩谷。「**今まで受けたことのない評価**がとてもありがたかった」と振り返る。

人材も「伸ばすべきは強み」

本人でも認識していないような強みを見いだせるのは、資質や備える能力の強みによる刀独自の分類があるためだ。刀では、思考力に強みを持つ人を「T（＝Thinking）型」、人とつながる力や伝える力が強い人を「C（＝Communication）型」、人を率いて動かす力を強みとする人を「L（＝Leadership）型」と3つに分類している。

「彼はTとLの人でTが強め」「あなたはLの人」

社内では、こうした会話がよく聞かれる。

マイナスな部分を強調するのではなく、その人にしかない強みを語って意識させる。他者から能力を認識されれば社員それぞれが、強みをもっと伸ばそうとの意欲が高まる。第5章でニップンの事例を基に、「伸ばすべきは強み」という森岡の信念を書いたが、それは人的資本の活用でも貫かれている。

■個々の強みを生かしてチームを組成

●刀のチーム組成の考え方

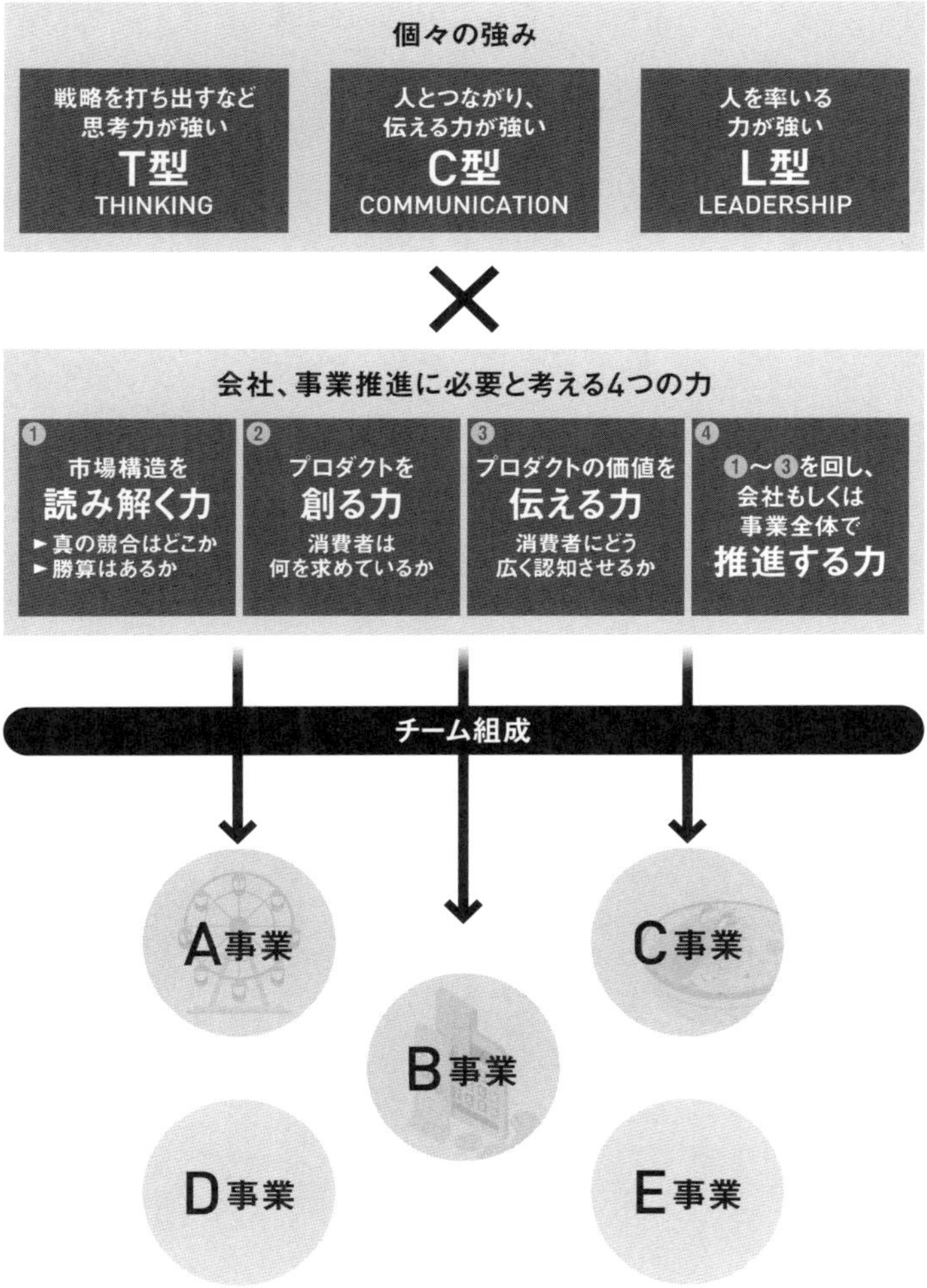

刀が重視するのが「**形式知化**」だ。そうすれば人に伝えやすくなり、言葉や数式で客観視できればコンサルティングをする顧客企業にも理解されやすい。能力の3分類も形式知化の一つ。刀はそれ以外の業務ノウハウなどでも形式知化を積極的に導入しようとしている。

形式知化の取り組みは、森岡が構築した数学マーケティングに遡る。センスに頼ることも少なくないマーケティングに、徹底的に数学的裏付けを与えたのはこれまでに見た通りだ。森岡はかつて在籍したプロクター・アンド・ギャンブル（P&G）時代にマーケティングを教える社内学校の校長も務めていた。ここで取り組んだのが数学に限らず、幅広いノウハウの形式知化だった。

刀の人材活用の取り組みは「T型」「C型」「L型」と分類するだけにとどまらない。それぞれの個性をどう伸ばしていくか、さらに多様な個性をどう組み合わせればチームや組織が強くなるかを徹底的に追究している。

第4章でも見た通り、会社や事業推進のためには「**4つの不可欠な力**」があると森岡は考える。①市場構造を分析して勝ち筋を見極めた上で、②プロダクトを創り、③その

第7章 最強組織は個人の可視化でつくる

「集団知を生かせば到達できる先は全く違ってくると分かった」と話す刀の早田裕樹
（写真＝北山宏一）

価値を伝え、さらに④これらを全体として推進していく力だ。

プロジェクトチームを組成する際は、まず、この4つの力をチームに備えることを重視する。その上で、「T型」「C型」「L型」といった個々の強みをどう配置すれば総合力が高まるかに着目して人選する。

人材も4つの力の視点で育成する。すべて備われば、最高マーケティング責任者（CMO）や事業統括を任せられる。ハウステンボスとの協業開始時にCMOとして送り込んだ37歳の木村泰宏は、まさにこの4つの力を備えると森岡が判断しての登用だった。

強みにフォーカスして弱点克服

USJから刀に転じた29歳の早田裕樹は、学生時代に個人事業主としてコンサルティング業をやるなど「もともとすべて自分でやるのが好き」（早田）な性分で、唯一④の周りを巻き込みながら事業全体を推進していく力が不足していた。その重要性に気付いたのは数年前。とあるコンサル事業で刀CMOの森本咲子の下で働いたときだ。

森本は、早田の強みである思考力の深さにフォーカスしつつ、ストレッチが利いた課題を与えた。早田にとっては、「複数の専門領域を駆使する必要があり、量としても1人ではやりきれない仕事だった」。だが、ここで早田は1人でやる方法から周りの力も借りる方法に転換。最初は「無理難題」と思えたプロジェクトを完遂した。早田は「**みんなの専門性を生かせばより遠くへ行ける**と実感できた」と笑顔を見せる。唯一の弱点を克服した早田だが、それをリードした森本は弱点に焦点を当てたわけではない。あくまで個々人の強みにフォーカスして課題を振るのが、刀流の人材育成術だ。

人材育成でも4つの力が軸になる。ワークショップ形式で約30種のプログラムを用意

■トレーニングプログラムは約30種

●主なトレーニングプログラムの名称

「勝つ戦略を見いだすための市場構造分析」

「消費者の本能までたどり理解する調査手法」

「消費者に選ばれる必然を創るコンセプト」

「ブランド設計を実現する広告開発」

「消費者起点の組織づくりとリーダーシップ」

「強みを引き出すコーチング手法」

する。「勝つ戦略を見いだすための市場構造分析」や「消費者に選ばれる必然を創るコンセプト」「強みを引き出すコーチング手法」などがある。

「戦略とは目的を達成するために資源をどう配分するか選択すること。戦術はそのための実行プラン。では、この4つのうち、ビジネスがうまくいく順に並び替えてください」

23年10月下旬、刀本社で開催された基礎編となる「戦略思考トレーニング」のプログラム。3時間にわたるプログラムに参加したのは、25年開業の沖縄パーク「ジャングリア」を手掛ける関連会社、

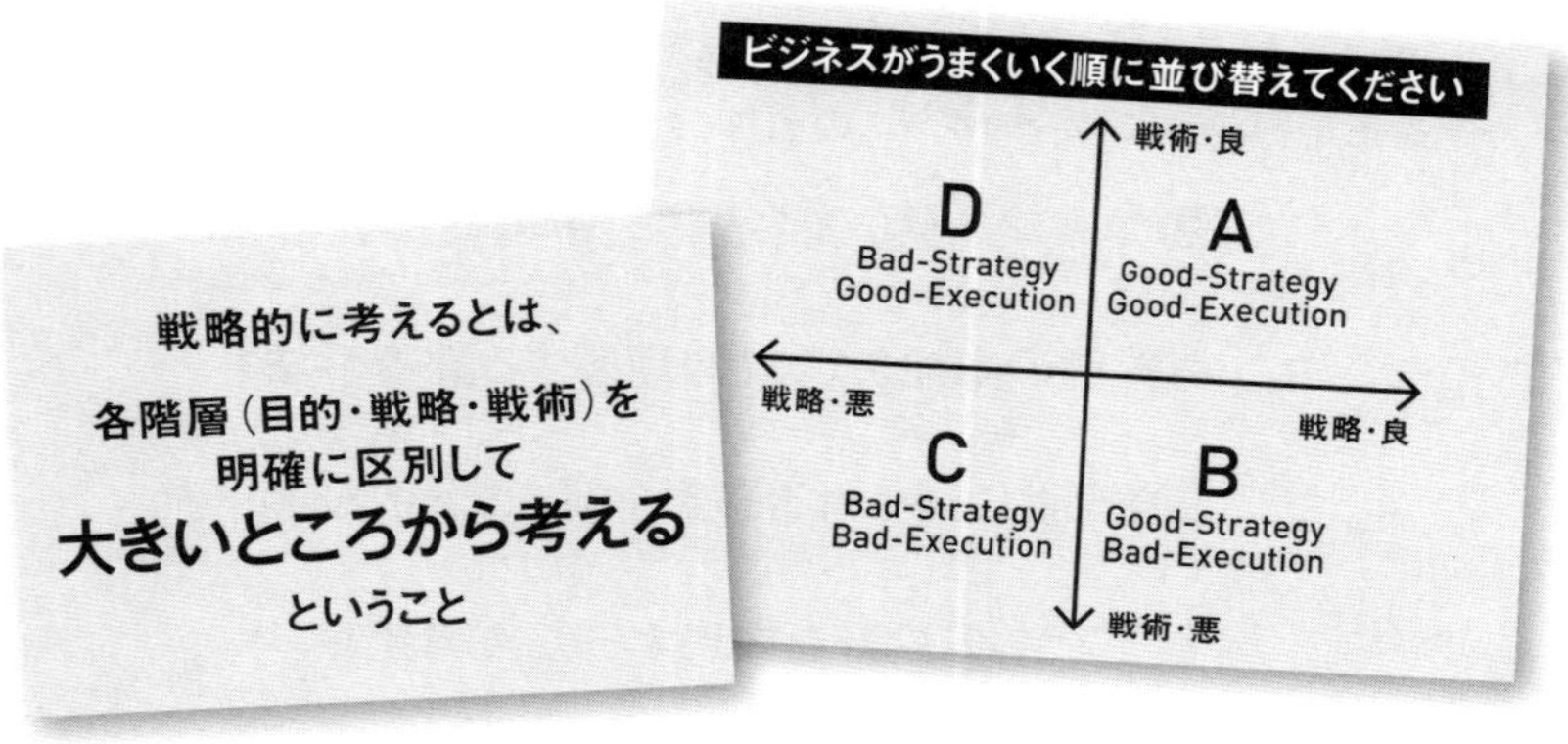

関連会社向けの基礎プログラム「戦略思考トレーニング」で使用された資料の一部（筆者が一部加工）

ジャパンエンターテイメントの新入社員約20人だ。

理論から入り、実例を基にグループディスカッション、さらに実践に落とし込むというのがプログラムのパターン。この日では後半、年30万人の外国人を沖縄パークに呼び込むための戦略、戦術を考える例題が出た。参加者は「今後のパークの運営に直結する考え方を学べた」と満足げだ。

集団知を生かす

プログラムは日々進化している。例えば刀の社員が参加する社内向けプログラムの場合、

第7章　最強組織は個人の可視化でつくる

刀で人事統括責任者を務める大石広和（写真＝菅野勝男）

受講者から「**その知見は私の事業に当てはまりません**」といった指摘が容赦なく出る。参加者は基本、自分が担当する事業でどう生かすかを考えて受講しているからだ。「デジタルマーケティング」のプログラムの講師をする早田は、「議論する中で**自分の凝り固まった知見が進化**していった」と話す。**多様な意見を受けて考えは体系化**されていくという。

科学的な知見を取り入れるプログラムも展開中だ。数学的知見で需要予測の精度が上がったように、他のノウハウでも確度を高める。今、取り組んでいるのが消費者の根源的欲求を脳科学の見地から説明すること。大学院で脳科学を学んだ社員が講師となり、プログラムを開催。消費者への分かりやすい伝え方に科学的裏付けを与えようとしている。

人事統括責任者の大石広和は「プログラムを通して集団知を生かそうとしている」と話す。個人から出てきたノウハウに多数の視点を加えた上で体系化し、形式知化して集団知とし、組織の力をより強固なものへと変えていくのだ。

刀では、森岡がトップダウンで多くを決めている印象があるかもしれないが、実際は違う。最高財務責任者（ＣＦＯ）の立見信之は「若手も含めてかなりの数の社員が森岡に対して意見を言う」と打ち明ける。集団知を生かすためにも、「**誰が言ったかではなく、何を言ったか**を重視する」（大石）と言う。

24年春、会社設立以来、初めての新卒採用に応募した数人が入社した。24年時点で従業員数は１００人程度。組織は大きくなるほど形式知化の意義は大きくなる。

ビジネスでも可能性の高い分野に資源を積極投入するが、人の生かし方でも刀の考え方は同じだ。「強み」にフォーカスしてこそ人材も最大限の力を発揮できるとの考えだ。単に性善説に基づくからではない。森岡は「**強みを生かして伸ばす方がキャリアもビジ**

ネスも成功確率が増す」という。

ビジネスの成功確率の高さを追い続けてきた森岡がたどり着いた人材育成の基本的な考えがここにある。

2泊3日で「自分のぶれない軸」を発見 一般向けの刀ブートキャンプ

関西の避暑地として知られる六甲山にある刀運営のグランピング施設「ネイチャーライブ六甲」。24年8月下旬、自然豊かなこの地で開催されたのが、刀の講師陣による2泊3日のトレーニングプログラム「刀実戦ブートキャンプ」だ。

刀が社員向けに展開する研修を外部向けにアレンジし、実戦も加えてつくり上げたプログラムだ。

■ブートキャンプを通してマイブランドをつくる

●マイブランドのイメージ

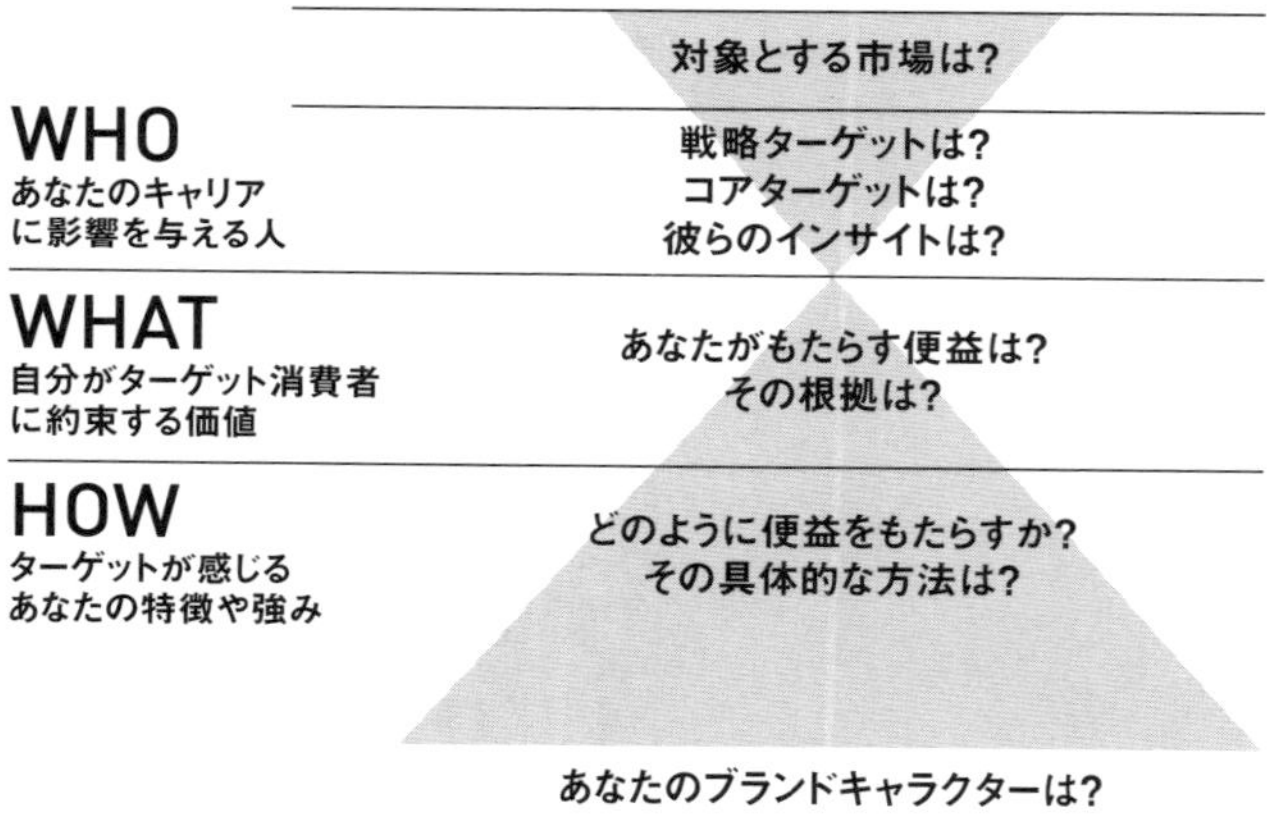

対象とする市場は?
WHO
あなたのキャリアに影響を与える人
戦略ターゲットは?
コアターゲットは?
彼らのインサイトは?
WHAT
自分がターゲット消費者に約束する価値
あなたがもたらす便益は?
その根拠は?
HOW
ターゲットが感じるあなたの特徴や強み
どのように便益をもたらすか?
その具体的な方法は?
あなたのブランドキャラクターは?

24年2月に開始し、同8月までで個人向けには計6回開催してきた。企業向けも逐次開催し、これまで合わせて計500人ほどが受講してきた。

「皆さんの**それぞれの文脈で、どこを目指し、何を武器にするかが明確になると、迷いはなくなります。**ブートキャンプでは、皆さんの〝ダイヤモンド〟をぜひ見つけていただきたい」

ブートキャンプは、こうした森岡のメッセージから始まる。

24年8月に全国から集まったのは、一般の応募者の中から選ばれた20〜40代の約20人。職業は多くが経営者やビジネスパーソ

刀実戦ブートキャンプの様子。受講者は1回約20人と少なく、濃密な研修を受けられる（写真：菅野 勝男）

ン。参加費は宿泊費食事費込みで23万8000円（税込み）と安くはないが、倍率は相当高いようだ。

ブートキャンプを通して受講生が目指すのは、「**ぶれない自分の軸**」を見つけることだ。そのためにつくるのが230ページで示した「**ブランド・エクイティ・ピラミッド**」と呼ぶ、ブランドの設計図。自分は、どのような領域で、誰をターゲットにして、どんな便益をどのようにしてもたらすのか。3日間の座学や実戦を通して、その答えを見つける。

ブートキャンプで学ぶのは、「**戦略思考**」「**マーケティング思考**」「**強みを活かす思**

考」の3つの考え方だ。戦略思考では、目的を達成するための正しい思考プロセスや経営資源の効果的な使い方、マーケティング思考では、ビジネスで不可欠な消費者価値の追求の仕方を学ぶ。こうした学びを通して、受講者は自分のブランド価値を探す。

ブートキャンプ2日目。

「それでは、皆さんに事前にお願いしていた周囲の方からのフィードバックをお渡しします」

講師役の刀の渡邊泰裕が受講者に告げると、室内が一瞬どよめいた。

フィードバックとは、刀が受講生に与えていた事前課題。妻や夫などのパートナー、親、会社の同僚、上司などよく知る人物数人に、受講生の特徴を書いてもらう。書き終えたフィードバックはブートキャンプ事務局に送付。そのフィードバックがこのとき、初めて本人に手渡されたのだ。

フィードバックで書いてもらうのは3点。その人の特徴、良いところ、そして改善点だ。それを過去の出来事や普段の言動といった具体的なエピソードを踏まえて書いてもらう。

自分の強みに確信を持つ

「圧倒的な人当たりの良さがあり、人に尽くし、そして、人に尽くし返される」

かつてブートキャンプに参加した、社員数人の飲食コンサル会社を営む井上晃は、取引先である女性経営者からこんなフィードバックを受けた。以前に、チラシの作成で女性経営者を手助けしたときのことが細かく書いてあった。姉は「子供の頃から、仲間を大切にしていた」と書いてくれた。

これまでも近しい人物からコーチングを受けたことはあるが、「素直に受け取りにくかった」(井上)。しかし、今回は、同時に複数人がフィードバックをくれた。しかも、それぞれ異なる表現をしながらも、ほぼ同じ内容で評価してくれている。「自分の強みは、**ある程度は認識していたが、それが確信になり、自信になった**」と井上は笑顔で話す。

「自分はこういう強みがあるから、こうした戦略を採る」「自分の強みを活かすためのマ

■自分の強みを活かして「ぶれない軸」を作る
●刀実戦ブートキャンプは3つの思考をベースにしている

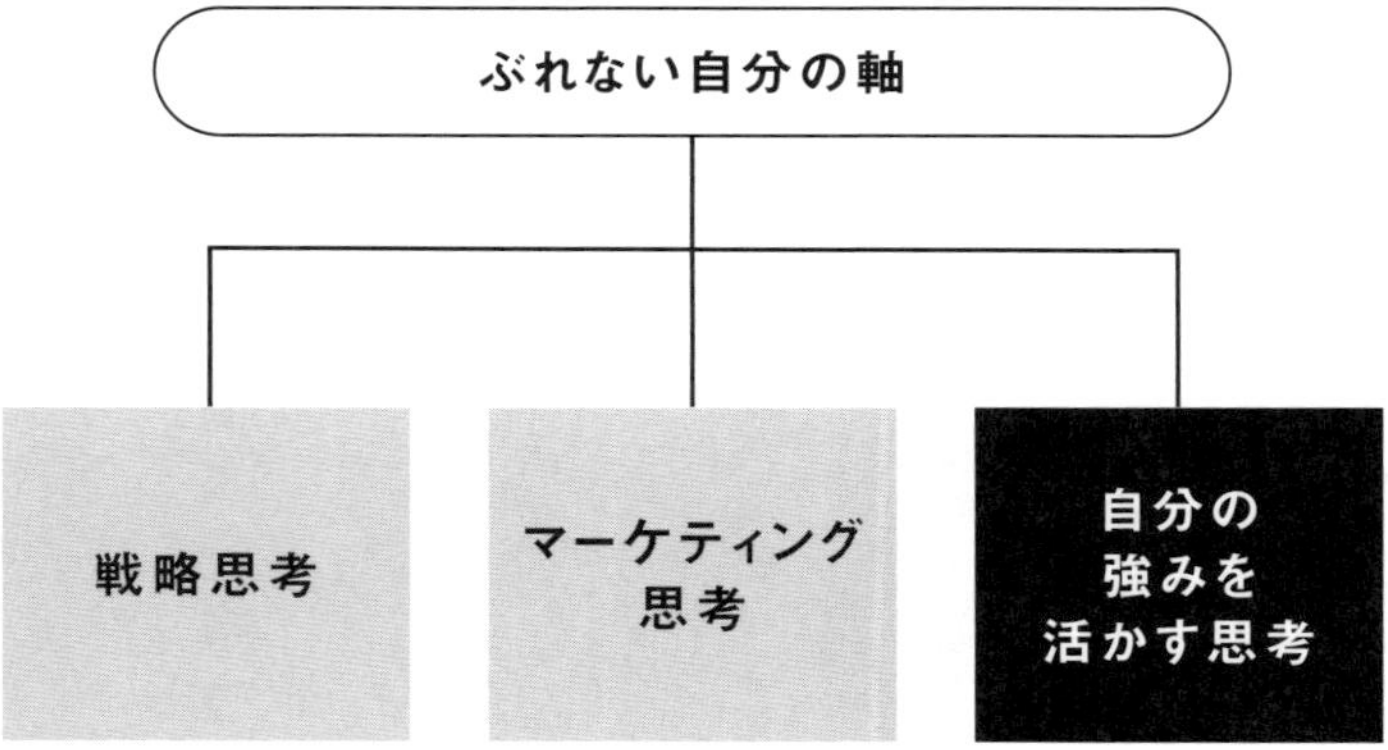

ーケティング戦略とは何か」――。

自分をよく知るほど、取るべき戦略の輪郭が浮かび上がってくるのが、刀のブートキャンプの特徴だ。世間でよくある研修のように、自分の特徴を横に置いて学ぶプログラムであれば、定着度は異なるだろう。自分とはどういう人間かを前提にマーケティング思考や戦略思考を習得することに意味がある。

学んだ理論を生かして後半で組み込まれているのは実戦プログラム。場所を屋外に移し、1チーム4人ほどで4チームに分かれ、時間内に課題をこなす。前半の座学で学んだ理論や考え方を実際に用いるのが狙いだ。

お題は「燻製《くんせい》チャレンジ」。チーズやナッツなど10種類以上の食材から好きなものを選び、50分の間に火おこしから始めて燻製料理をつくる。各チームは専用の通貨を10ネイチャー与えられ、通貨と引き換えに着火剤や燻製機の道具を借りたり、フードマイスターなどのアドバイザーをレンタルしたりできる。燻製料理は受講者全員と刀の講師、スタッフが試食して審査。獲得票数の多かったチームがマーケター賞やシェフ賞を受賞する。

迷ったら目的に立ち返る

実行に移す前に、15分間のチーム戦略会議の時間が与えられる。ここで生きてくるのが、ブートキャンプの前半で習得した戦略思考やマーケティング思考、強みを活かす思考だ。

燻製チャレンジで求められる限られた時間内での判断力は、ビジネスシーンで必要とされるスキルに似ている。

チームで動くので、他のメンバーとの関係性を通して、自分の役割や特徴について考える機会になる。そして、何を優先させ、賞を取るためにどこに力点を置いてターゲットを満足させるのか。

「WHOは、夕方になって少しおなかがすいて疲れている人たちでしょうか」

審査する人を消費者に見立て、その消費者とはどのような人なのかを表す「WHO」、また、その人たちが求めている価値を「WHAT」、さらにその価値をどう提供するかの「HOW」について考える。各チームがメンバーの強みをどう活かし、10ネイチャーをどう使うか。チームで議論しながら、ホワイトボードに戦略を書いていく。

戦略会議が終われば、実行に移る。残り時間が少なくなってきたところで、「アドバイザー契約しましょうか」と焦るチームもあれば、早めにアドバイザーと契約し、有効な情報を得て早々に実行に移すチームもあった。

制限時間が終わり、4チームは燻製料理を完成。多くの受講生はこの実戦で、座学で学んだことの実践の難しさに気付く。

「時間が切迫する中、戦略思考を使えなかった」

「**しないことを決めるのも大事**だと分かった」

全員での振り返りタイムの際には、受講生からこんな声が出た。刀の講師は「迷ったら何が目的かに立ち返ることが大切」と話す。

期間中の座学と実戦、さらにそれを受けた自問自答の中で、ブランド・エクイティ・ピラミッドのピースがそろっていく。最終日には、各受講生がつくったブランド・エクイティ・ピラミッドに刀の講師が手を入れ、完成となる。受講者を約20人の少人数にとどめるのは、講師側が各受講生の特徴や強みをなるべく理解するためでもある。講師とのやりとりを通して、ヒントを見つける受講者も多い。

春のブートキャンプに参加した美容系ベンチャー企業社員の金丸士は、それまでは漠然と経営者になることを目指していた。しかし、ブートキャンプを通して見えてきたのは、昔から人と人をつなぐのが好きだということ。次第に、経営者同士を引き合わせたり、前職の社内で上層部と現場社員をつなげたりした過去の出来事がよみがえってきた。

たどり着いた目指す姿が「スーパーコネクター」。金丸は「3日間の座学や実戦、フィードバックを受けて改めて内省したときに出てきたワード。自分でも驚いた」と振り返る。このように、ブートキャンプは、ただ一方的に講師から情報を得るのではない。むしろ、自分はどのような強みを持つのか。それを自らに深く問いかけて、答えを導き出すよう促す設計になっている。講師の1人である刀の山縣実句は「ブートキャンプを始めるに当たって、研修内容の設計には約5カ月間かけた。森岡からも意見を聞き、かなりつくり込んだ」と話す。

同じく春のブートキャンプに参加した飲食コンサルを営む井上。人当たりの良さを再認識するとともに、失敗を恐れずに挑戦する強みがあることにこれまで以上に確信を持てるようになった。そして、「海外進出に二の足を踏む企業と一緒に一歩を踏み出す事業に注力する」と決めた。一方で苦手だった人事の事務仕事は外注に出す判断もした。井上は「やりたいことが多いため、逆にやらないことを決めるのは大切。この考えに気付けたのは大きかった」と話す。

「自分の特徴に改めて気付かされ、キャリアの方向性の基盤を築けた」「今後何をすべきかについて迷いがなくなった」「ぼんやりと将来ビジョンを描いていたが、今回の研修で5年後のありたい姿を描けるようになり、確固たる目標ができた」

これらはブートキャンプを修了した参加者の声だ。多くの参加者が「ぶれない自分の軸」を見つけた。ブランド・エクイティ・ピラミッドは今後、進む道に迷ったときに立ち戻る指針にもなる。

形式知化した刀の人材育成ノウハウは企業だけでなく、成長を目指す個人にも広がっている。

森岡が一目置く

刀の精鋭たち

「〇時〇分、〇が起こる」未来のパークの人流が見える達人

刀では、そのキャラクターの濃さから森岡1人が目立っているようにみえる。しかし、森岡の周りを固めるメンバーも精鋭ぞろいだ。ここでは森岡が注目する精鋭を2人紹介する。1人目は、森岡も驚く精緻な分析から未来を予想する加藤健史だ。

沖縄北部に開業する「ジャングリア」の運営を担うのが、刀が筆頭株主となるジャパンエンターテイメントだ。その代表を務めるのが、森岡と共にUSJから刀に転じた同社創業メンバーの1人でもある加藤健史。森岡と加藤の出会いは約14年前に遡る。

「○時に○○○○人の来場客がパーク内に入場してくると、このうち○割の人がこのルートとこのルートを○分間かけて通過します。そうすると、この場所で○時○分に○分待ちの行列ができると予測できます」

2010年代前半、USJのオフィスの一室。加藤は大きなエリアマップを指さしながら、淡々と説明していた。机に広げていたのは、当時、USJが設置を目指していた映画「ハリー・ポッター」エリアのマップだ。そして、その加藤の向かいにいたのが、P&Gから転じて入社1、2年目の森岡だった。

森岡も驚いた精緻な分析

「加藤さん、なんでそんなことが分かるんですか」

森岡は、精緻な分析に驚いた。それでいて、スマートで柔らかな物腰で人柄の良さが分かる笑顔――。加藤は森岡より5歳年下でありながら、明らかに森岡にはないものを持っていた。

パークオペレーションのスペシャリストである加藤健史（写真＝河野哲舟）

　何より驚いたのがその説明にふんだんに数字が盛り込まれていたことだ。加藤の説明を聞いていると、まだ開業もしていないハリー・ポッターエリアを中心に、パーク内で多くの来場客が行き交う様子がありありと目に浮かんでくる。おまけに、加藤にはどの場所で何時何分に何が起きるということまで見えている。

　数学マーケティングによる需要予測で未来を見通してきた森岡にとって、パーク運営を数字で解析する加藤には相通ずるものも感じた。スタッフをどう配置し、各施設をどう運営すれば全体として最適化を図れるか。加藤はこの視点で管理するパーク運営のスペシャリストだ。ＵＳＪが開業する前年の00年、早稲田大学を卒業後に新卒で入社して以降、パーク内でアトラクションなどの各現場に張り付いて、最適化するための術を身に付けてきた。

加藤はUSJ内でも異色の存在だった。20代で人気アトラクション「ジュラシック・パーク」の運営を担当していたときのことだ。

「あの人はストップウオッチを首から下げて、アトラクション内を行ったり来たりしてずっと走っている。いったい何をしているんですか」

現場のアルバイトスタッフから、加藤の奇異な行動に対してこんな声が相次いで上がった。園内で多くのアルバイトスタッフが働くテーマパークでは、20代の社員が責任者になることはよくある。当時、加藤はジュラシック・パークで数人いる責任者の1人だった。現場から加藤の動作についてこうした声が出たのは、加藤の動きは他の責任者と明らかに違っていたからだった。

責任者の仕事は、基本的にアルバイトスタッフの管理や指導。これらの業務を担うのはもちろんのこと、加藤の仕事はその先を行っていた。現場を走り回っていたのは、各動作にかかる実際の時間を計っていたからだ。それぞれの動作の所要時間が見えると、改善点や停滞箇所が浮かび上がり、来場客に対してより満足度の高いサービスを提供できる。加藤は説明する。

「例えば、あるアトラクションにお客様を乗せるのに50秒かかるとする。そこで、私が走っていって、ストップウオッチで計るとスタッフは30～40秒で乗せていた。50秒は機械を動かす上で決められた時間なので変わらない。では、余った10～20秒で何をしているかというとスタッフはぼーっとしていた。それなら、余った時間を使って顧客サービスをもっと充実させよう。そうしたことをスタッフに落とし込んでいました」

加藤は、主要なアトラクションで1時間当たりの乗車回数を過去最高へと引き上げることにも成功した。

パーク全体の人流をシミュレーションによって俯瞰《ふかん》すると停滞箇所が見えてくる。ハリポタエリアの開業では、入場ゲートや発券機を増やし、パーク内で起こり得る問題に次々と手を打っていった。

「**停滞要因となるボトルネックは、解決するほど内部から外側へ逃げていく**」と加藤は話す。パーク内での要因を解消すれば、やがて視線は外側へと向き、最寄り駅の階段のキャパシティー、時刻表のあり方にまでつながっていく。「(鉄道など) 他社にもこうした事態が起きるので備えてほしいとお願いにいきました」(加藤)

各アトラクションから飲食店や物販店、そしてパーク全体と、最適化する対象は川上から川下まで数え切れない。それを加藤は数字に落とし込み、サービス向上へとつなげる。停滞を解消しパーク内のあらゆる現場の最適化を目指すのは、トヨタ自動車が工場で取り組むカイゼン活動のようだ。

消費者と「一体化」して感情をイメージする天才マーケター

森岡が注目する精鋭の2人目は本書でも何度か登場している森本咲子だ。マーケター集団の刀で最高マーケティング責任者(CMO)を務める。多くのマーケターを率いる森本とはどのような人物なのか。

マーケターの中のマーケター。それが森本咲子の代名詞だ。森岡と同い年で、プロクター・アンド・ギャンブル（P&G）では森本が1年先輩に当たる。先にUSJに転じていた森岡が2012年、P&Gに在籍していた森本に声をかけたのがきっかけでUSJに移った。森岡からの信頼は厚い。USJではマーケティング部長だった森岡の後任に森本が就いた。

理詰めの森岡、感性の森本

P&G時代は化粧品ブランド「SK－II」で世界的なヒット商品を連発。USJでも新エリアやアトラクションで顕著な実績を積み上げた。森岡が理詰めで戦略を練るのに対し、森本は感性で消費者を理解し、新たな価値を生み出し続ける。その洞察力は、森岡をして「天才」と言わしめるほど。森岡にはない、消費者の心を深く読むという天性の感覚を森本は持ち合わせる。

西武園ゆうえんちのリニューアルが決まり、冬の園内を歩いていたときのこと。寒いはずなのに、「歩けば歩くほど、心がほっこりしてきた。この温かみはなんだろうと、だんだんそんな気持ちになったんですよ」。

園内を歩くと、昔からある観覧車やバイキング、空中ブランコなどが目に飛び込んできた。それ以前に見た、多くの人でにぎわう開業時の白黒写真の記憶も重なった。昭和の時代にその場に行ったことがないのに、子供のはしゃぎ声などとともに活気づく園内の様子が映像として森本の脳裏に浮かんできた。

森岡が「天才マーケター」と称賛する刀CMOの森本咲子（写真＝菅野勝男）

ここには消費者を感動させる何かがある。それは何だろう――。

議論を重ねて行きついた答えは、「幸せ」だった。「昭和の下町を描いた映画『ALWAYS 三丁目の夕日』は、その時代を生きていない若者まで『懐かしい』と口をそろえた。たとえ経験していなくても、**ノスタルジックなものに触れたとき人は得も言われぬ幸福感に浸れる**のではないか」（森本）

その発想を基に、生きた昭和の熱気を感じる商店街を作り込んだ。すると、狙い通り、10代から20代半ばのZ世代が急増。SNS映えする「エモい」スポットとして若者の認知度が急上昇したのだ。「関東以外の遠方客が増え、滞在時間も延びた」。西武園ゆうえんちマーケティング部支配人の高橋亜利も、そう手応えを示す。

「幽体離脱」しているような感覚

鋭い感性で消費者の気持ちを理解する森本。具体的にどのように消費者を理解しようとしているのか。

「その場にいる私を想像して、感情がどう動くのか。例えば、つくろうとしているアトラクションが目の前にあったとして、私はどう感じるのかをイメージする」と森本は説明する。「幽体離脱をしているような感覚」にも似ているという。ある仕事が変わると、すべてを「脱いで」、次の仕事でターゲットとする消費者へと「切り替える」。森本が考えるのは第三者としての消費者ではなく、自らと「**一体化**」した消費者。だから、消費者の心情について深い部分まで理解できるのだ。

こうした感性は現場を率いるリーダーシップにも生かされているようだ。刀の人事統括責任者の大石広和は、森本について「チーム力を最大化する力が非常にたけている」と評する。現場への期待値が明確で、それを実現できた際の森本のフィードバックに現場の社員らは非常に腹落ちさせられるという。

「森本さんに期待、信頼されている」。森本には社員におのずとそう思わせる力があり、現場はその期待に応えようと最大限努力する。「人にいい仕事をさせるという意味でピカイチ」(別の刀幹部)。現場の力を最大限引き出せるのは、森本が消費者を理解するのと同様、それぞれの社員の心情もよく理解しているからだろう。大石は、人をやる気にさせ成長させる森本のこうしたノウハウを形式知化して横展開をしたいと語る。

第 8 章

バタフライエフェクトを起こす

新たな事業創出へ目的は「日本の食いぶちをつくる」

「極めてシンプルに表現すると、刀が目指すのは、日本の食いぶちをつくる会社になること」

森岡はそう断言する。

刀の事業は大きく3種類。「イマーシブ・フォート東京」や「ジャングリア」といった自社が主になって手掛けるテーマパーク事業に、既存企業を対象としたコンサルティング事業。そして「イーメディカル」のような価値創造を主眼に置いた事業だ。一見、脈絡を感じさせないが、共通するのは「日本を強くする」目的があることだ。

背景には、30年以上も停滞が続く日本経済への危機感がある。

「(高度成長期に築いた)親たちが築き上げた財産が大きかったから、今も変化せずとも食べていける。**多くの産業で、新しい事業を生み出すより、既得権の中で稼いだ方がいいという考えがある**」と森岡は指摘する。

高度経済成長期に日本を支えた電機業界はアジア勢に敗れ、自動車業界もかつての勢いはない。バブル経済の絶頂期は世界の時価総額ランキングの上位に多くの日本企業が入っていたが、今となっては日本一のトヨタ自動車でさえトップ10に遠く及ばない。上位を占めるのはアップルやマイクロソフトなど米テック企業。新陳代謝が進み、大きな産業が育っている米国とは対照的に、日本の産業構造は高度経済成長期とほとんど変わらない。

「製造業への一点集中によってこれまで日本経済は支えられてきたが、時代は変わった。私たちが新しい事業をつくらなければならない」（森岡）

このままでは日本の将来を支える産業がなくなってしまう。その危機感が、森岡を動かしている。

冷笑された沖縄プロジェクト

「片道4時間圏内に20億人もの人口を抱える沖縄には、ハワイを超えるポテンシャルがあります」

2015年春、USJのCMO（最高マーケティング責任者）だった森岡は当時、CEO（最高経営責任者）のグレン・ガンペルと共に東アジアの地図を見せながら説明していた。相手は当時の官房長官、菅義偉。この頃、USJが目指していた第3のテーマパーク構想についてだった。のちに、森岡が創業した刀によるジャングリア構想につながる話だ。

政府として沖縄振興を目指す立場にあった菅はこのときのことを「非常に印象に残っている」と振り返る。森岡の話は腑に落ちた。自らが描く沖縄の未来にも合致し、菅は記者会見でもUSJの沖縄進出を支援する姿勢を示した。

だが当初、森岡の構想には笑う者も少なくなかった。

「沖縄がハワイを超えるなんて無理」

沖縄振興に注力してきた菅義偉は森岡の志に共感する（写真＝的野弘路）

ある者はそう言って冷笑した。しかも、沖縄県で立地を目指すのは、観光客でにぎわう南部ではなく、未開発な地域が多い北部。鉄道も整備されていない。普通なら、立地がいいとは言えないこうした場所にテーマパークをつくろうとは思わないだろう。

森岡や刀の見方は異なる。

自ら先陣を切って巨額の案件に挑むことで、ジャングリアを起点に周辺に経済効果を波及させるのが狙いだ。観光客が増えれば、交通機関が整備され、ホテルや商業施設が増える。そこまでを見通している。テーマパークをつくることや刀がもうかることだけが目的なら、この立地につくる発想にはならない。目指すのは、沖縄、そして日本に新たな食いぶちをつくることだ。

「蝶が羽ばたいて、ひとつパッと揺らぎが起こったら世界が変わる〝バタフライエフェクト〟という現象がある。私たちは、そういった**変化の起点をつくりたい**」（森岡）

日本を強くする大義にかなうプロジェクトでありながら、独自のマーケティング手法を用いると沖縄北部が発展する未来も見えた。「沖縄は日本で最も伸びしろがある地域」（森岡）。新型コロナウイルス禍の影響を除けば、沖縄県の観光客数推移は右肩上がりの傾向にある。19年に記録した1000万人の大台を再び突破するのは時間の問題だろう。

今、世の中にない事業で、刀がつくり出すことによって社会課題を解決できるものがあるとしたら何だろうか――。

そんな議論から生まれた事業が、オンライン診療のイーメディカルだ。テーマパークを得意とする刀にとっては「飛び地」の事業に見える。だが、これはジャングリアをはじめとしたパーク事業だけでなく、コンサル事業にも共通するポイントがある。それは**「今ないものをつくり出す」**点だ。

イーメディカルがターゲットにするのは、国内にいる高血圧症の未治療者ら3100万人。高血圧は、日本人の死因で上位にある「心疾患」と「脳血管疾患」の主な原因であるのに、有症者の半分近くが治療をしていない。未治療者に働きかける同事業は、新市場の開拓になる。この課題をマーケティングの力で解決できれば、もっと健康に長生きできる人が増やせる。それは日本を強くしたいという森岡の原動力と合致する。

同事業を率いる刀の塩谷さおりは「日本のためにマーケティングの力で貢献できる最大価値は何か。それを社内で探し続けてきた結果が、イーメディカルだった」と話す。

丸亀製麺や西武園ゆうえんちなど、数々の事業を成長させてきたコンサルティングも、日本を強くするための事業だ。机上の理論を伝えるだけでなく、支援先企業の現場にまで入り込んでまでノウハウを移植する刀のスタイルは、それなりに人が必要になり、時間もかかる。支援先企業は非公開のものもあり、同時に支援できる企業数は限られている。

当初は社内で「ノウハウの伝授に絞って、顧客数を増やした方がいい」との声もあった。だが、それでは、支援先企業は持続可能なノウハウを習得できないと、あえて今のスタイルにすると決めた。

森岡は「（数字だけの成長を追うなら）より簡単に効率よく事業をする方法はあった。でも、**それでは相手企業がマーケティングをできるようにならない**。私たちがやりたいのはそれではない。**日本企業を強くすることだ**」と強調する。

刀のミッションは「マーケティングとエンターテイメントで日本を元気に！」だ。18年、P&G時代の森岡の部下で楽天に転職してカナダに赴任していた糸山尚宏に、森岡はこう声をかけた。

「刀という会社を創業したんだ。ぜひ一緒に、マーケティングで日本を元気にしようよ」

糸山も胸にこみ上げる思いがあった。

「こんな大人になって『日本を元気にしようよ』と言ってくれる人は少ない。青臭いかもしれないが、どうせ限られた時間なら、日本のため、人のためになりたいという気持ちがあった」

糸山は迷わずに刀へ合流すると決めた。刀が手掛けるすべての事業には、日本再興への強い思いが込められている。

「地元の協力なしに成功はない」挫折で得た教訓

「『心と体がゆったりと解放され、まっさらな自分にエネルギーがみなぎり、新しい出会いにこころ躍る』。これを、沖縄ブランドが持つ本質的な魅力にします」

24年3月、沖縄県が那覇市で開催した「おきなわブランド戦略」の発表会。登壇した沖縄県知事の玉城デニーは、肝煎りの沖縄ブランドについて自信たっぷりに説明した。それは、さながら民間企業の発表会のようだった。冒頭、沖縄の魅力を凝縮させたイメージ動画から始まり、ほぼ満員となった来場者400人を引き付けた。映し出されたパワーポイントの説明も明快だ。ターゲット、さらに消費者が沖縄に求める価値まで分析。それを導き出すため実施したアンケート調査の数は国内外6地域の1万6000人以上に上った。

ブランド戦略を決める過程で沖縄県が力を借りたのが、ジャングリア開業を控える刀だ。沖縄県と刀は22年春、同県のブランド強化のための連携協定を締結。これまで、刀の幹部が講師役となるマーケティングセミナーに延べ240人以上の県職員が参加した。刀が筆頭株主となるジャングリアの運営会社、ジャパンエンターテイメントも密に県と連携する。同社幹部がパーク開業に向けた県庁横断の連絡会議に出席、交通アクセス改善のために沖縄県警との話し合いにも参加する。

地元対応をUSJ時代から180度転換

森岡や刀が日本で一番伸びしろを感じる沖縄。USJ時代からアプローチを続け、今や一心同体となって事業創造に挑む刀と沖縄県だが、最初からそうだったわけではない。時計の針を10年戻そう。森岡がUSJに在籍した時代の沖縄パーク構想に対し、地元では批判が渦巻いていたのだ。

「地元を飛び越している」

「国とUSJだけで話を進めている」

都市部に拠点を置く大手企業が意気揚々と地方に進出する例は幾多もある。経済発展のためという旗印を掲げる一方で、地元の声に耳を傾ける努力を怠ってしまうことが少なくない。当時のUSJも例外ではなかった。

対応のどこに問題があったのか。刀として再挑戦をするに当たり、森岡らは考えた。沖縄のためになると信じて取り組んでいたプロジェクトだが、独りよがりな面があったのではないか。いつの間にか地方を上から目線で見ていたのではないか。そう自身を省みた。

ＵＳＪの大株主にゴールドマン・サックス（ＧＳ）がいる中で、調印前に地元関係者に説明することは内部情報のリークにつながるとの懸念もあった。

だが、今はそう思わない。

「情報漏洩にならないように、ゴールドマン・サックスに説明すればよかった」（森岡）。そこに思いが至らなかったのは自分たちの力不足のためだったとの認識だ。「地元の協力、信頼なしにはジャングリアのプロジェクトは絶対にうまくいかない」と森岡は断言する。

刀になってからの森岡らは、かつての姿勢を１８０度変えた。沖縄パークのプロジェクトが白紙となったＵＳＪ時代の「挫折」が、森岡を変えた。刀創業に当たって、自らが挫折した意味を問い直した。

「私は確率論者で神様は信じない。だが、あの計画は**潰れるべくして潰れた**のではないか。あのとき、**私たちの実力は恐らく、十分でなかった**」（森岡）

「必ず、目標額を集めます」

姿勢を変えると、地元は次々と刀に手を差し伸べてくれた。

オリオンビールがジャングリア向けに敷地を提供してくれたのはその好例といえる。他にも候補地はあった。だが、地権者が多く、調整が煩雑になるリスクがあった。ジャングリアの運営企業であるジャパンエンターテイメントの加藤健史は地権者が圧倒的に少ないこの敷地を「**奇跡の土地**」と呼ぶ。

オリオンビール社長の村野一は、土地を提供した理由についてこう話す。

「我々の利益だけを考えれば、ゴルフ場として続けていた方が良かっただろう。しかし、パークができれば県北部が振興し、**沖縄全体に大きなプラスの影響をもたらす**。だから、会社としてパークとして土地を貸す決断に迷いはなかった」

巨額資金の調達では地元の地銀が力になってくれた。22年2月、ウクライナ危機が起きると、当初は融資を検討していた3メガバンクが一斉に離脱。ここで意地を見せたのが、琉球銀行だった。協調融資（シンジケートローン）組成に向けて、政府系金融機関

地元企業の先頭に立つオリオンビール社長の村野一(写真＝河野哲舟)

の商工組合中央金庫（商工中金）と共に、大役となる幹事（アレンジャー）を買って出た。

「これは沖縄にとって絶対に必要なプロジェクト。必ず、目標額を集めます」

加藤は、幹事行の幹部から言われた言葉を今も忘れない。そのメッセージに奮い立ったのは加藤だけではない。沖縄から遠く離れた千葉銀行や福井銀行、山陰合同銀行までもが地方創生の意義に強く賛同。全国13の金融機関から集めた融資額は366億円に上った。通例、メガが担う主幹事役を琉球銀が見事に務めあげた。

地元理解の重要性を訴えるゆがふホールディングス社長の前田貴子（写真＝宮市雅彦）

今、地元から反対や批判の声はほとんど聞こえない。刀の対応を近くで見てきた沖縄の不動産大手、ゆがふホールディングス社長の前田貴子は「沖縄経済界のほか、立地地域である名護市や今帰仁村などの首長、区長にも丁寧に説明に回っていて、地元対策は本当に頑張っていただいている」と話す。ジャパンエンターテイメントは24年夏までに、立地地域で区民説明会を20回以上開催。この住民説明会でも反対の声はほとんどなかった。

刀から始まったテーマパークを起点に沖縄振興を目指す夢は、地元住民にまで深く浸透するようになった。ジャングリア開業を変化の起点とし、沖縄の振興だけでなく、全国の地方活性化も目指す。それが刀の考えだ。沖縄の人々との〝共創〟は、他の地方で事業する際にも必ず生きる。刀は、事業拡大に向けて、未来につながる大きな教訓を得た。

新パークは学びの場
沖縄を「観光学の中心地にする」

「県外、海外の方にもっと目を向けてもらえるよう、沖縄の観光を支えていきたい」

目を輝かせてこう話すのは、ジャパンエンターテイメントに25年春に入社予定の20代の女性だ。ジャングリアが立地する今帰仁村出身で、高校から県外に進学。いずれ地元に貢献しようと観光業について学んできた。地元以外での就職を考えていたところ、ジャングリア開業の話を聞き、採用試験を受けた。女性は「地元にテーマパークができるのはとてもうれしい。今帰仁村の発展に貢献したい」と笑顔で話す。

横浜市の大学に通う沖縄県沖縄市出身の女性も25年春にジャパンエンターテイメントに入社する予定だ。別の企業から内定を得ていたが、沖縄にUターンして中途入社した30代の社員の話を聞いて心が動いた。「社員みんなが沖縄への強い思いを持って働いていると感じ、ワクワクした。ジャングリアを地元の人に愛着を持ってもらえるパークにしたい」と声を弾ませる。

25年春、ジャパンエンターテイメントに入社する新卒者は十数人で、うち半数以上は沖縄県出身者だ。パークスタッフは契約社員・アルバイトで約1300人を雇用。周辺施設と人材争奪にならないよう、全国で積極的に選考会を開いてきた。

ジャパンエンターテイメントが、ジャングリアの開業を通して注力するのが、マーケターなどパーク経営を担える高度観光人材の育成だ。観光経営を担える人材を沖縄の地で育成し、ジャングリアや周辺の宿泊・サービス産業の基盤を強固にする。

地元が主体となる意味

森岡は「**地元の方々が自分たちの会社やパークだと思うことが大切**。僕らが死んだ後も持続できるようにするなら、地域に根ざさなければいけない」と話す。本土企業から遠隔で経営するのではなく、地元人材が主体となってこそパーク運営は定着する。ジャパンエンターテイメントの本社所在地は名護市だ。同社の出資者に、多くの地元企業が名を連ねるのもそのためだ。

高度観光人材の育成は、米国に比べて遅れる日本の観光業の底上げの意味もある。全産業で最も低いとされる観光・レジャーの賃金水準は、日本の産業界でのポジションを如実に表す。一方、米国の観光業は、経営トップに弁護士や会計士が就くことは珍しくなく、高等教育で観光学はれっきとした学問の一つだ。

日本は観光立国を目指すと言うものの、依然として観光・レジャー業界の待遇は製造業などに大きく劣る。刀は、教育から関与することによって、その課題の解決を目指す。

ジャパンエンターテイメントとの連携に意欲を見せる名桜大学学長の砂川昌範（写真＝河野哲舟）

開業前から既に動いている。23年に、ジャングリアから数キロの距離にある公立大学の名桜大学（名護市）と包括協定を締結。同年春に国際学部に新設した国際観光産業学科で、ジャングリア開業後にインターンシップの受け入れや実践を通して学ぶ場を提供する。ジャパンエンターテイメント代表の加藤は「ジャングリアを教育、研究の場として活用してもらいたい」と話す。

名桜大学長の砂川昌範は「生きた教材があるのは学生にとって大きな学びとなる。沖縄を日本の観光学の中心地にしたい」と意気込む。ジャパンエンターテイメントは24年秋には、立命館アジア太平洋大学とも協定を締結。同大学は23年度にサステイナビリティ観光学部を開設している。

26年度には県内外インターンシップの拠点となるセミナーハウスも名護市内に開設を予定している。内閣府から補助金2900万円の給付を受け、100人が収容できる施設を建設。ジャングリアだけでなく、周辺ホテルなどのインターンも併せて受けられる仕組みを準備する。

「いつか、地元の沖縄県立北山《ほくざん》高校の出身者にジャパンエンターテイメントの社長になってもらいたい」

森岡はこう夢を語る。国内では、過去数十年、いくつものパークや遊園地が廃業に追い込まれてきた歴史を目の当たりにしてきた。人材育成にまで力を注ぐことで根本から日本の観光業を変える。刀は、沖縄しいては全国の地方が持続的成長を続けられる仕掛けをつくろうとしている。

ディズニー、ユニバーサルに対抗できる第3勢力になる

「我々はジャパンエンターテイメントを通して、アジアの玄関口になる沖縄から、日本の観光産業を支え、世界に多拠点展開することを見据えて事業を推進する」

23年11月、東京都内で開催されたジャングリア開業についての会見で、ジャパンエンターテイメントの加藤はこう意気込んだ。同社が目指すのは、ジャングリア開業だけではない。ジャングリアのビジネスモデルを用い、アジアに複数のテーマパークを設ける計画を抱いている。

そのビジネスモデルとは「**投資額が1000億円以下のパーク**をつくること」だ。刀はこの規模に優位性を見いだす。

米ウォルト・ディズニーやユニバーサル・パークス&リゾーツのパークの投資規模は

数千億円規模に上るが、この規模で投資するには資金のハードルが高い上、候補地選びも容易ではない。

「沖縄モデル」でアジアに多拠点展開

一方、ジャパンエンターテイメントが考える「沖縄モデル」なら、候補地は圧倒的に探しやすい。森岡は「東京ディズニーランドの規模のパークが生まれるのは20～30年に1回。我々が手掛ける投資額700億～800億円のパークなら、**数年に1回の頻度での展開が可能**。このモデルの勝算は高い」と話す。

ターゲットとする市場は、欧米先進国に比べてテーマパークが少ないアジアだ。ディズニーランド、ユニバーサル・スタジオがある中国やシンガポールを除くと、アジアのほとんどの国に大規模なパークはない。経済成長の伸びしろが大きいインドや東南アジアでパーク需要が高まるのは確実。ジャパンエンターテイメントはアジア市場で2号店、3号店、それ以降のパークの計画を練る。

没入体験ができるテーマパーク「イマーシブ・フォート東京」でも海外展開を視野に入れる。同パークの投資額は数十億円規模と、ジャングリアより1桁小さく、「イマーシブ・フォートの方が早く展開できる」と森岡は語る。

イマーシブ・フォート東京が商業施設だったヴィーナスフォートを活用したように、海外でも居抜き出店モデルの活用をもくろむ。東京での運営が軌道に乗れば「イマーシブ・フォート○○」というパッケージで世界に〝輸出〟もしやすい。「日本発のエンタメビジネスで世界を楽しませ、日本を豊かにしていきたい」(イマーシブ・フォート東京の責任者である刀の田村考)という。

国内で横展開をにらむビジネスモデルもある。体験価値を提供する宿泊施設の「ネイチャーライブ」に、アドベンチャーツーリズムと呼ぶ自然や異文化を体験する旅行だ。ネイチャーライブは、既に神戸・六甲で稼働中の5棟の施設に続く第2弾として、東日本の地方で数十棟規模の施設を開業予定だ。

アドベンチャーツーリズムでは、24年夏に沖縄北部の海や自然を巡る旅行ブランドを立ち上げた。2泊3日~3泊4日の旅程で価格は1人29万円から。手つかずの自然が残る国頭村《くにがみそん》などで地元の信仰に触れたり、沖縄で古くから漁に使われていたサバニ船と呼ばれる木造船に乗ったりする。今後、こうした旅行商品を沖縄以外でも開発する。刀の担当者は「リゾートでは体験できないディィープな体験を用意している。インバウンドの富裕層が主なターゲット」と話す。

複数モデルを用意し、スピード展開

刀は観光レジャー分野で、ジャングリアに代表する「沖縄モデル」のテーマパーク、「イマーシブ・フォート」、「ネイチャーライブ」、「アドベンチャーツーリズム」の４種の事業を用意。刀ＣＦＯ（最高財務責任者）の立見信之は「この４つは投資規模も展開スピードも異なる。複数のラインアップをそろえることで、その時々でどのモデルが最も適切なのかを考えながら展開できる」と話す。**複数のモデルを用意しておくことで、スピーディーな事業拡大を国内外で進める。**

■時や場所に応じ、4種のラインアップを自在に展開
●刀がレジャー分野で用意する事業モデル

	沖縄モデル	イマーシブ・フォート	ネイチャーライブ	アドベンチャーツーリズム
概要	沖縄の「ジャングリア」に代表される投資額1000億円以下のテーマパーク。ゴルフ場跡地などが使える。	投資額数十億円。使われなくなった博物館や学校などを居抜きで使える。単独アトラクションでの展開も可能。	宿泊できるグランピング施設。地方の保養地などを想定。	その土地ならではの風習や文化を体験する旅行商品。
想定市場	アジアを中心とした海外	国内外	日本	日本
投資規模	大 ━━━━━━━━━━━━━━━━━━━━━━━━━━━━━━━━━━━━▶ 小			

刀は、世界で人気の日本のアニメ・漫画といった知的財産の活用もにらむ。イマーシブ・フォート東京では既に「【推しの子】」や「東京リベンジャーズ」をテーマにしたアトラクションを展開しているが、「沖縄モデル」を横展開するパークでも、アニメ・漫画のIP（知的財産）の活用を考えている。

日本の東京ディズニーリゾートやUSJは毎年、米本国のディズニーやユニバーサル・パークス&リゾーツにミッキーマウスや映画のIPを使う対価として巨額のロイヤルティーを支払っ

ている。刀は日本のＩＰを活用する仕組みを構築し、アジアでの展開をにらむ沖縄モデルのパークに導入する考えだ。「日本の〝**眠れる資産**〟であるコンテンツＩＰで稼ぐ仕組みをつくり、ＧＤＰ（国内総生産）増加のドライバーにしたい」と森岡は語る。

「（エンタメ業界で）**ディズニー、ユニバーサルに対抗し得る第3勢力になる**。そのためにも、1店舗目であるジャングリアを絶対に成功させる必要がある」（森岡）

ジャングリアやイマーシブ・フォート東京は刀にとって、序章に過ぎない。森岡が率いる刀は、国内及び海外を舞台に壮大な成長戦略を描いている。

小売りも外食もスマホ1つで需要予測できる未来に

日本を強くするためには何をすべきか。パークビジネスの輸出で稼ぐ、あるいは訪日外国人で稼ぐ点を紹介してきた。だが、森岡の視線はそこにとどまらない。既存の国内産業の変革も視野に入れて動き始めている。

それが、デジタルトランスフォーメーション（ＤＸ）事業だ。刀は24年夏、ＤＸ事業に本格参入した。ＤＸと聞くと、既に多くの企業が導入し、出遅れ感も否めない。だが、それでもチャンスがあると森岡は見ている。刀が挑むＤＸは、需要予測システムの外販だ。独自の数学マーケティングを生かした同社の需要予測の誤差は１％レベルのときもあり、高い精度を誇る。当初は全国のテーマパークや遊園地に向けて展開するが、将来的には小売りや飲食業などへの外販拡大も狙う。

「昨日の集客数が分からない、さらにはその先の集客数はもっと分からないと悩む経営者は多い。刀のシステムは、どんなタイミングでチケットが買われているかなど、施設の**〝健康状態〟**がリアルタイムで分かる」

23年に設立した、ＤＸ事業を専門にする子会社、刀フォース（東京都千代田区）の代表の木村泰宏はこう話す。外販するシステムは、チケット販売システムとして提供し、

刀フォース代表の木村泰宏（写真＝菅野 勝男）

同時に需要予測もする。予測は、チケットの事前予約状況だけでなく、屋外施設の場合は天候、近隣でのイベントの有無など複数の条件を考慮。刀独自のアルゴリズムを活用して来場客数の予想をはじき出す。

システムは、施設ごとにカスタマイズしたダッシュボードを構築する。サービス開始時から販売・集客実績を確認でき、約3カ月経過した頃に刀フォースのデータアナリストが需要予測モデルの構築に着手。およそ半年後には予測用ダッシュボードが利用できるようになる。

テーマパークや遊園地に向けて外販する需要予測システムはこれまで、刀のグループ会社が運営するパークなど、同社が関連する施設での利用に限っていた。システムを導入済みのイマーシブ・フォート東京では、需要予測の誤差が1％のときもあり、精度は平均して9割を超える。今後は、それを全国のテーマパークや遊園地、水族館・動物園や博物館・美術館といった集客施設へと〝開放〟するのだ。

独自の数学マーケティングによる需要予測の精度の高さは、これまでにも書いてきた通りだ。導入先の需要予測の精度が高まれば、経営効率化につながる。スタッフの配置人数や飲食店の食材仕入れ、物販店で陳列する商品の量を過不足なく用意できるようになる。過剰に人員を配置する必要がなく、飲食店なら食品の廃棄を減らせるなど人件費や材料費を極限まで抑えることができる。

刀のチケット販売システムでは、入場券のほかにオプションのチケット、優先入場券なども同時購入ができる。旧式の決済システムの場合、入場券とオプションのチケットを別々に決済しなければならないものが多い。同時に購入できれば利用者の利便性が高まり、販売増につながる。木村は「1回当たりの決済金額が約2倍に伸びた例もある」

と話す。

誰もが安価で利用できるサービスに

当初はパークなどがターゲットとなるが、将来的には飲食業や小売業への導入拡大も検討する。刀はかつて、外食大手トリドールホールディングス傘下のうどん店「丸亀製麺」でマーケティング支援をした際に需要予測を活用した過去がある。木村は小売りや飲食業への外販について「システムの構築は十分可能」と前向きに検討する。

「ゆくゆくは、**街の花屋さんやたこ焼き屋さんがスマホ１つで需要予測できる**よう、誰もが安価で利用できるサービスを提供し、日本の産業強化に貢献したい」と森岡は話す。

経営効率化が進めば企業の利益率が高まり、攻めの投資につなげる可能性を秘めている。それぞれの企業の強靱化は日本の強さにつながる。森岡はそう考えている。

目指すは「マーケティングができるゴールドマン・サックス」

「ゴールドマン・サックスなどの株主とは散々やり合ったが、彼らがいたから、『ハリー・ポッター』への大型投資を実現できた。彼らには本当に感謝している」

森岡がＵＳＪに在籍していた頃、自らは集客増に腐心しながらも、その仕事ぶりが強烈に脳裏に焼き付いているのが米金融大手のゴールドマン・サックス（ＧＳ）だ。

01年に大阪市の第三セクターとして開業したＵＳＪは、00年代に入場客数が大幅に落ち込み、経営難に陥った。もともとの出資者である自治体や地元企業といった日本勢が離れていく一方で、05年に救世主として表れたのがＧＳだった。15年に米コムキャストの傘下に入るまで約10年もの間、ＧＳはＵＳＪの筆頭株主として経営再建を支えた。

ＵＳＪのＶ字回復によって、ＧＳは大きなリターンを得た。国内では、安く買って高く売り抜けるファンドにいいイメージを抱かない人が少なくない。だが、USJ時代にGSに助けられた森岡は、投資の重要性を痛感した。「彼らは当然、私たちに厳しい要求もしてくるが、彼らの立場で株式を売却するまでの**許された時間の中で目いっぱい企業価値を上げる**にはどうすればよいかを真剣に考えている」と森岡は語る。

しかも、「ハリー・ポッター」エリアの投資規模は会社売上高の半分を超えていたにもかかわらずGSらはリスクを承知で決断した。森岡による秀でたマーケティング力を軸にした経営と、GSによる豊富な資金力。その両輪がそろってUSJは大きな飛躍を遂げた。

「企業には大きく伸ばさなければいけないタイミングというのはあって、そのときには投資が必要になる」（森岡）

世界トップクラスの投資銀行であるGSといえど安々と投資できるわけではない。USJ側の戦略を深く理解した上で投資に踏み切ったのだ。

第6章で「投資は敵」という森岡の考えを紹介した。ここで矛盾を感じる人もいるかもしれない。だが、森岡が否定するのは、マーケティングに基づかない安易な投資だ。需要が投資を上回るとはじき出せれば、巨額の投資も当然実行する。いざ、大きく引き伸ばせる好機が訪れても、そのときに資金力が乏しければ、チャンスをみすみす逃してしまいかねない。

「投資する力があれば勝率は高まる」

刀は、マーケティング力と資金力の両輪を備えた会社を目指そうとしている。将来の姿として描くのは「**マーケティングができるゴールドマン・サックス**」だ。

国内の多くの事業を再生させてきたコンサルティング事業では、刀の精鋭マーケターを送り込んできた。これまではノウハウの移植にとどまってきたが、将来は、ここに可能性のある事業に投資できる力をプラスする。

例えば、長崎県のハウステンボス。株主はアジア系ファンドのPAGだが、マーケティング支援をしているのが刀とそれぞれ役割が分かれている。刀は将来、案件によってはファンドの役割を兼ね備えることも目指す。

背景には、日本の資金がエンタメ分野に流れにくいといった事情もある。刀が、ジャングリア開業の資金集めでメガバンクが離脱するなどして苦労したように、日本の金融機関の観光・レジャーへの投資姿勢は欧米に比べて消極的だ。森岡は「**日本は鉄やコンクリート、機械には積極的に投資してもテーマパークというと及び腰になる**」と嘆く。ゴールドマン・サックスのような資金力を持ち合わせた会社になるとの目標も、どうすれば日本の事業価値を迅速に高められるか熟考した結果出てきたものだ。「**どこに価値があるか分かった上で投資ができれば、勝率はもっと高まる**」と森岡は自信を見せる。

資金力を身に付けるという意味では、株式上場も視野に入れている。

時期は「ジャングリアを開業後、実績が出た20年代後半」(森岡)の予定だ。グロース市場であれば、既に上場できる規模だが、CFOの立見は「上場する以上は、社会的なインパクトを与えられるよう大きく出たい」と話す。近年、時価総額が小さいまま、スタートアップが新規株式公開（ＩＰＯ）する〝小粒上場〟が課題になっているが、刀が狙うのは大型上場だ。

ジャングリア開業後に上場へ

刀CFO
立見信之氏

たつみ・のぶゆき。1971年生まれ。早稲田大学法学部、ロンドン・スクール・オブ・エコノミクス修士課程卒業後、98年に三井物産入社。2004年にボストン・コンサルティング・グループへ。海外進出や新規事業などのコンサルタントを務める。11年にUSJへ移り企画部長。森岡をサポートし、資本政策など企画立案・実行を牽引。17年に森岡と共に刀を設立。（写真＝加藤康）

事業を生み、育てていくには資金が必要になる。いかに資本を集めて有効に活用するか。資本政策面で強力にサポートするのが刀CFO（最高財務責任者）の立見信之氏だ。刀や森岡氏の目指す未来をどのように見ているのかを聞いた。

――立見さんはＵＳＪ時代から資本政策で森岡さんを支え、２０１７年に森岡さんと共に刀を創業しました。創業からこれまでを振り返っていかがですか。

創業以来、売上高、利益ともに十分伸ばしてきました。24年には「イマーシブ・フォート東京」を開業しましたし、25年は沖縄に「ジャングリア」を開業します。創業当初はコンサルティング事業が中心でしたが、刀が中心になって展開するこの2つの事業が加わり、業績はさらに伸長できると期待しています。

――ジャングリアの事業規模は約７００億円と大きな数字です。

創業から間もないスタートアップの投資額としてはかなり大きな額です。

「誰が言ったか」では判断しない

――事業に投資すべきかどうかについて、社内でどのように議論しているのでしょう。

刀は、森岡や私を含めＵＳＪから転じてきた社員が多いです。ＵＳＪの株主には米ゴールドマン・サックスやＭＢＫパートナーズなどがいて、彼らと一緒に事業成長を目指してきた経験がある。だから、財務担当者ではなくマーケターであっても株主のリターンを強く意識する傾向があります。マーケターが事業やイベントなどについて、こんなことをやりたいと言ってくると、私はそれを懐疑的に見る。このマーケターの言うことは本当なのかと、一つひとつ検証していきます。

より多くの目で確認する場もあります。いろいろな人の目で見ることで**多角的な視点で検証**します。偉い人が言ったから稟議《りんぎ》を通しましょうといったことはありません。誰かの思い込みによって事業をやろうという判断にはならない。そこは刀の良い部分だと感じます。

――強いリーダーシップを発揮して、森岡さんが多くを決めているようにも見えますが、そうではないのですか。

森岡が言ったことでもおかしければ、私も若い社員もかなりの数の人間が**容赦なく「おかしいです」と言います**。彼はやっぱり、熱が強いから、みんなが圧倒されることもたまにある。一方で、彼自身、人の話をきちんと聞いていて、自分の発言は間違っていたと軌道修正することもある。こわもてに思われるかもしれませんが、実は柔軟です。

キャッシュの管理については非常に重要ですので、大変なことになりそうだと思ったときは明確に森岡に言います。このまま事業を続けていれば、こんなにキャッシュが出ていくので非常にリスクが高い、もうやめましょう、と。それに対して彼は、意固地になって、絶対V字回復させるんで安心してください、なんてことは言わないですね。

そういうときは、彼の**良い意味で根暗で保守的な部分**が出てきて、このリスクは回避しなきゃいけないとなる。主張が論理的で根拠に基づいていれば、極めて素直に柔軟に受け入れる。経営者にとって必要な資質だと思います。

——外からのイメージとは異なりますね。

刀には我々創業メンバー以外に社外の大きな株主がいます。出資者に確実にリターンを出して還元していくのは非常に重要なことです。だから、不必要な投資はしないよう徹底している。それで、このオフィスにも不必要なものは一切置いてないんです。

上場は大きく出る

――ジャングリア開業後に株式上場を目指しています。

ジャングリア開業後にスムーズに上場できるよう、数年先を見据えて今、準備をしているところです。マーケットの状況をしっかり見ていく必要があるでしょう。市況の悪いときに上場はしづらい。数年後にどうなっているか見計らいながら適切な時期を決めていきたいですね。

――今でも上場は可能ではないですか。

業績で見ると、東証グロース市場には上場できるレベルです。ただ、上場するなら、大きく出たい。そのためには、ジャングリアは大きな要素になる。ジャングリアがまだ成功するかどうか見えない段階で上場するより、成功してから上場する方が社会的なインパクトは大きい。大型上場を狙っていきたいです。

第9章

森岡毅が見る未来

私たちはまだ何も達成していない

2017年の創業以来、「日本を強くする」ことを念頭に事業を展開してきた。強みの数学マーケティングを武器に様々な分野で旋風を巻き起こす。強い執念で結果を出し続ける最強集団「刀」。組織づくりに込める森岡の思いとは。（写真＝菅野勝男）

――2024年春、東京・お台場に開業した「イマーシブ・フォート東京」は商業施設だった「ヴィーナスフォート」を居抜き活用しました。25年開業の「ジャングリア」も、ゴルフ場跡地にもともとの起伏を生かす形で設計するようですね。

パークビジネスで最大の敵は「投資」です。ユー・エス・ジェイ（大阪市）に入社後、パーク業界の失敗例を調べました。全国で閉園になった約50の遊園地を見ると、**すべて需要を上回る投資をしていました。**需要は商圏の大きさやその人口を調べると分かります。明らかにお金を使ってはいけないところに投資をしていたのです。

イマーシブ・フォート東京はゼロからつくるとすごくお金がかかります。私には、先に投資をしてくださっている魅力的な案件に見えたのです。ジャングリアも同様で、もともとの地形を生かせば面白いものができると思いました。もっとも、投資を抑えるためにあの物件に入ったわけではありません。**消費者を喜ばせるコンセプトが先にあって、今ある物件の特徴を生かせばそのコンセプトをより強くつくれると思ったという順番**です。

多くのお金をかけてよいものをつくれば勝つ確率が上がると思いがちですが、そうではありません。基本的に投資は必要ですが、必要なこと以外に使うと成功確率は下がる。むしろ、**必要なことのみにできるだけ限定して投資を抑える**。そうすると成功確率は上がるのです。

――あらゆる業種に当てはまりそうです。

その通りです。ＵＳＪの「ハリー・ポッター」エリアは４５０億円もの巨額を投資しましたが、これは需要と投資の綱引きで需要が勝っていたからです。１０００億円、２００００億円を回収できると見込めていました。

重要なのは**より少ない投資で需要を生み出す**こと。では、投資を少なくするにはどうすべきか。その一番の鉄則が、**あるものをうまく活用する**ことなのです。

すべての特徴をプラスに見る

――刀は、事業に限らず、人材活用などすべてにおいて、今ある特徴をうまく活用する考えが一貫しているように見えます。

その物件、その人、その文脈……。すべてに特徴があります。それをプラスに捉えるのかマイナスに見るのかは戦略家次第。私には**特徴をプラスに見た方が良いとの実感知**があります。

――数学マーケティングも森岡さん自身の強みを伸ばしたところから生まれました。

プロクター・アンド・ギャンブル（P&G）に入社した2年目の頃です。周りには、どういうコンセプトにすれば商品が当たるのかが感覚的に分かる先輩が多くいました。でも、どれだけ一生懸命彼らのまねごとをしてもうまくいかないので、大きなストレスを感じていました。

一番しんどかった頃、長女が生まれてきてくれたのです。この子のために頑張って会社で生き残らなければと思いました。必死に取り組むなか、私は**苦手を克服するという目的を捨てた**のです。自分の長所を使いながら課題をクリアする、私の得意な数学の領域に課題を持ち込みました。

試行錯誤を重ねるなか、米国の数学者で経営学者の論文に出合ったのを機に、**数学によって精密に勝ち馬を見極められる**ことに気付いたのです。次第に「会社の中にいてもいいかな」となり、やがて「いてもらわないと困る」と言ってもらえるようになった。それがきっかけとなり、さらに磨きをかけて数学マーケティングが構築されてきました。

――刀は22年から、オンライン診療ビジネスも始めました。テーマパークとは全く異なる業種です。どのような軸で事業を選んでいますか。

刀は3つの視点で事業を選びます。まず、**社会的意義があるか**。例えば、パーク新設では新たな事業を生むことで日本に食いぶちを生み出せます。2つ目は**刀のマーケティングノウハウを生かせるか**どうかです。我々は何でも万能にできるわけではない。刀がやることで価値が上がるかどうかを重視します。そして3つ目は、**フェアなリターンが望めるか**どうか。刀が会社としての持続性を保つためにはここを無視できません。

自分が死んだ後も持続する形に

――新事業では25年に沖縄でジャングリアが開業します。事業規模は700億円に上りますが、資金集めは大変ではなかったですか。

新型コロナウイルス禍にウクライナ危機まで起こり、もうダメかと思うときもありました。実は、資金集めの過程では外資のカジノ企業が出資をしたがっていました。しかし、これを受け入れては、沖縄をはじめとする日本企業が主導権を握って日本社会の発展のために貢献するという大義が担保できなくなる。外資の出資は最悪の場合に採る最後の手段だと考え、歯を食いしばってオールジャパン体制での枠組みを構築しました。

沖縄にパークをつくるのに当たって、**沖縄や日本企業が主体になる**ことはとても重要です。持続可能な事業にするには、物理的にも精神的にも地域に根ざしていなければならない。遠隔から経営することは可能で、その方がむしろ早いかもしれない。しかし、地元の人たちが自ら生み出して育てていく構造をつくり、（ジャングリアの運営会社である）ジャパンエンターテイメントを地域が「自分たちの会社だ」と思えるものにしなければ、私たちが**死んだ後の次の世代まで継続するのは難しい**でしょう。

――沖縄パークはUSJ時代からの構想です。

構想が動き始めたのは13年前のUSJ時代に遡ります。調印を間近に控える中で15年、USJが米コムキャストに買収されたことで計画は白紙になりました。半年以上にわたって彼らを説得し続けましたが私の力が及びませんでした。

沖縄パーク計画が白紙になったから私がUSJを辞めたわけではありませんが、会社を出て私は何をするかを複数考えました。その一つが沖縄パーク計画だったのです。やはり、**ここで終わるのは無念すぎる**と。私には当時、仲間と一緒につくった計画での**勝ち筋が見えていた**。これが実現できれば沖縄だけでなく日本を強くできるのです。

――沖縄だけでなく日本も、ですか。

沖縄のパークに多くの観光客を呼び込むことができれば、南部の観光が中心だった沖縄全体が変わります。沖縄が元気になれば、日本のほかの地方の再生モデルにもなり好影響を与える。国内の観光ルートに変化を起こし、日本の観光やエンターテイメントビジネスを大きく成長させたいです。

目指すのは「バタフライエフェクト」です。一つの揺らぎが広がれば、世界が変わる。かつて大阪でＵＳＪが元気になったことが、その後の観光客や投資の誘致につながったのではないでしょうか。ＵＳＪだけが理由ではないですが、一つのきっかけにはなったと思います。

知財で稼ぐ事業を日本のＧＤＰのドライバーに

――パーク事業ではどのような将来戦略を描きますか。

我々はウォルト・ディズニーやユニバーサル・パークス＆リゾーツに対抗する**第３勢力になりたい**と考えています。１０００億円以下でパークをつくる沖縄モデルなら、多拠点展開が可能です。ディズニーやユニバーサルのような数千億円がかかるパークをつくろうとすると条件はなかなかそろいません。

世界で人気のアニメや漫画といった、日本の眠れる知的財産も活用します。コンテンツを貸すと言ってくれているオーナーは多くいます。日本からディズニーやユニバーサルによるライセンス料を得て米国がどれだけ潤っているか。日本でもこのような知財で稼ぐ事業をつくり、国内総生産（ＧＤＰ）のドライバーにしたいです。

日本には「ドラえもん」「ポケットモンスター」など、世界で人気のコンテンツが数多くある。ストックされているコンテンツを使うことでマネタイズをしたい。パークで用いれば、**コンテンツを不老不死に**できます。

――不老不死、ですか。

ミッキーマウスのアニメを見たことがある人は少ないのに、なぜ世界の多くの人がミッキーを好きかというと、ディズニーランドがあるからです。ウォルト・ディズニーがディズニーランドをつくる前、ミッキーはこれほど人気ではありませんでした。パークがあれば、そのコンテンツを不老不死にできる。一方、**日本のコンテンツの消耗が激しいのはパークがないから**です。

ジャングリアに次ぐ2号店でターゲットにするのはアジアです。東南アジアに日本のコンテンツを持っていけば、みんな日本文化を好きになってくれる。海外で開業しても、日本のコンテンツを使えばライセンス料は日本側に入ります。1人当たりの所得が一定水準以上の人々が増えていくと、パーク事業は非常に利益を得やすくなる。アジアにはそうした将来性がある。成功事例を早く示せるようにしたいです。

どんな高い壁でもしっかり階段を作れば必ず上れる

——壮大な目標です。

どんな高い壁であっても、しっかり階段をつくれば必ず上ることができると私は考えています。私たちにはディズニーやユニバーサルに勝るマーケティングノウハウがあります。刀は、アニメなどのコンテンツは持っていないけれど、需要予測の数式で特許を取っています。日本企業はアニメなどの知財ではライセンス料を米国に払うばかりですが、我々の知財を使ってもらう仕組みもつくりたいです。

——話を聞いていると、森岡さんは生き急いでいるようにも見えます。

たまたま1人で道を歩いていて、もしそこで誰かが倒れたとしたら絶対に助けますよね。私は今、そういった心境です。目の前に、世界的に評価の高いアニメやゲームなど日本の大きな可能性がある。そこにたまたま、私が通りかかった。これまでに得たノウハウを使えば何とかできると思えているこのときに、それを**助けずして通り過ぎた先に**

納得して死ねる人生が待っているとは思えません。

私はもともと、でこぼこな性格で、子供の頃は周囲となじめなかった。そんな不器用だった私の周りに今、人が集まり、同じ目標を実現するために必死になってくれる。そう思うと、絶対に成功させなければいけないし、もう、とんでもない情熱が湧いてくるのです。世のため人のために頑張れるのは、それをすることで私が幸せになれるから。だから、追い込まれても踏ん張れる。私の大きな原動力になっています。

オールラウンダーでないから気付けたこと

——独立し、2017年に刀を創業して7年がたちました。

我々はまだ何も達成していません。しかし、ここまで歩む中で一番良かったと思うことを1つだけ挙げるとすると、事業目的に沿って多くの優秀な人たちに集まっていただけたことです。集団知を生かすのが刀の源泉。**一人ひとりの目と耳と鼻と手をアウトプットにつなげる仕組みをどうつくるか**に腐心してきました。

人は他人を判断する際、総合的に見て優劣を付けがちですが、それに私は昔から違和感を覚えていました。人にはそれぞれ特徴があって、場面によって不利に働くこともあれば、輝くこともある。**人を生かすというのは、その人たちの輝く特徴を組み合わせて大きなことを成し遂げる**ことだと思うのです。

これは私が英国数理社の5科目や社会にあるもっと多くの科目のすべてで1位を取るオールラウンダーだったらたどり着けなかった発想でしょう。

議論もなく誰かに却下されたり、理不尽に押しつぶされたりといったことがないようにするのが我々、刀の約束です。50年後、私が生きていようが死のうが、集団知が生かせない会社になっていたら刀はないでしょう。いつまでも集団知を生かせる会社であり続けたいです。

――改めて刀をどんな企業にしたいですか。

刀は、日本のためになる、「人と事業をつくり出す会社」として存続させていきたいです。創業1日目からそれは変わらず、私たちはかなり遠いところに目的を設定しています。世に貢献できれば会社は潤うはずですが、会社を大きくすることやもうけることは私にとってさほど重要ではありません。お金は目的を達成するための手段です。

刀の傘下にある事業会社は今後、大きくなれば独立していけばいい。日本を強くするという目的が優位です。

おわりに

「ときどき、夢に出てきて、夜中にパッと目が覚めるんです。どれだけシミュレーションを重ねても、何が起きるか分からないですから」

刀を巻頭特集で取り上げた2023年12月発行の「日経ビジネス」を届けにいったときのこと。森岡氏は一連の話が終わると、そうつぶやいた。事業規模が700億円にのぼる「ジャングリア」の25年開業に向けて、起こり得るあらゆるリスクをシミュレーションしているという話だった。

着工までも新型コロナウイルス禍やウクライナ危機など紆余曲折があったが、開業までも気を抜けない。どれだけ調査や分析を重ねても、事業の成功確率を高めるのには限りがある。最後の最後は、経営者がどれだけ強い意志を持ち続けて実行できるかが勝負だ。有言実行で多くの事業を成功させてきた森岡氏の苦悩が垣間見えた気がした。

一連の取材で気付かされたのは、刀がすべてにおいて強みや特徴を生かしてビジネスをしている点だ。取り組む事業では、常に自社のどんな強みが生きるかを前提に考える。テーマパーク開発では、予定地の特徴を理解した上で生かせるものはとことん生かす。

人材の生かし方も同様の考えに基づく。世の多くの企業が「ダイバーシティー&インクルージョン」との標語を掲げ、人材の強みを生かす必要性を強調するのとは訳が違う。刀が特徴を生かすのは、その方が実際に理にかなっているからだ。いわば、その人材の特徴から最大値を引き出し、各人の最大値を組み合わせて大きな円をつくるのが刀の組織力だ。一方、多くの日本企業は、均質人材をつくるシステムの下、各人の特徴を削った結果、小さな円となり何も生み出せない組織となっている。

つまり、「ないものねだり」とは逆の発想。刀は、「あるもの」にフォーカスしているのだ。よく見ると、刀のすべてがこの法則に沿っていた。そして、これこそ、人や時間、資金といった経営資源を最大限に生かす方法なのだと納得させられた。まさに、成功確率を上げるための大きな概念になっている。それが、森岡流の勝ちきる経営なのだ。

社員数たった100人の刀は、日本経済の停滞の壁を打ち破ろうとさえしているように見える。自分より大きな大企業にマーケティングノウハウを移植することで伝統的な日本企業に活力を与えるとともに、スタートアップの希望の星にもなろうとしている。米国ではこの20年ほどで巨大テック企業を中心に、多くの企業が誕生して世界を席巻するまで成長を遂げた。一方で、日本ではスタートアップがなかなか育たない。刀は、そこに風穴を開けようとしている。

森岡氏はインタビューでこう話している。

「目の前に、日本の大きな可能性がある。そこにたまたま、私が通りかかった。これまでに得たノウハウを使えば何とかできると思えているこのときに、それを助けずして通り過ぎた先に納得して死ねる人生が待っているとは思えません」

誠に僭越ながら、森岡氏の表現をまねて本書を書いた理由を説明するなら、こういった感じだろうか。

「目の前に、日本の大きな可能性がある。そこにたまたま、私が通りかかった。記者としてその実態を伝えられる立場にありながら、刀について書かずして通り過ぎた先に記者として納得できる人生が待っているとは思えない」。

大きな可能性とは、刀のことだ。記者としてここは通り過ぎてはいけないと思うほど、書く意義は大きいと感じて筆を執った。

本書を刊行するに当たり、森岡氏をはじめ刀の幹部、社員の方々には多忙な中、取材に多大な時間を割いていただいた。心から深くお礼を申し上げたい。特に広報担当の松下教子氏とは、日経ビジネスの特集執筆時から、「これを世に出す目的は何か」というところから議論を交わさせていただいた。短くない記者生活の中で、執筆の目的をここまで問われた経験はほかにない。記者として非常に勉強させられた。

刀の協業先であるニップンやハウステンボスの方々、また、ジャングリアの立地地域である沖縄の多数の関係者にも心から感謝を伝えたい。これらの取材協力なくしては、刀が日本経済に与えようとしている広がりを表現できなかっただろう。十分に記事化できなかった方々もいることは申し訳なく思うが、ご容赦いただけるとありがたい。

日経ビジネス編集部の皆さんの理解なくしても、本書は世に出せなかった。大銘柄が並ぶ日経ビジネスの巻頭特集で、若いスタートアップ1社に26ページも割くのは、55年の歴史の中でも前代未聞のことだった。日経ビジネスにとっても、殻を破るチャレンジだったかもしれない。チャンスを与えていただいた日経ビジネス前編集長の磯貝高行氏には心よりお礼を述べたい。そして、デスクとして編集作業に関わっていただいた編集長の熊野信一郎氏、共に取材をした日経BPロンドン支局長の酒井大輔氏にも支えていただいた。書籍化に当たっては、日経ビジネスクロスメディア編集長の白壁達久氏の力を大いにお借りした。筆者にとって初めての書籍執筆だったが、おおらかに導いていただいたことで無事に刊行にたどり着くことができた。

刀のミッションは「マーケティングとエンターテイメントで日本を元気に！」だ。そのミッションのように、本書が日本経済を元気にする一助になれば、これほどうれしいことはない。

2024年11月

日経ビジネス

中山玲子

〈**参考文献**〉

『苦しかったときの話をしようか　ビジネスマンの父が我が子のために書きためた「働くことの本質」』森岡毅（ダイヤモンド社）
『確率思考の戦略論　ＵＳＪでも実証された数学マーケティングの力』森岡毅、今西聖貴（ＫＡＤＯＫＡＷＡ）
『ＵＳＪを劇的に変えた、たった１つの考え方　成功を引き寄せるマーケティング入門』森岡毅（ＫＡＤＯＫＡＷＡ）

中山《なかやま》 玲子《れいこ》

日経ビジネス記者

1980年、奈良県生まれ。同志社大学文学部を卒業後、産経新聞大阪本社入社。経営危機にあったシャープや東日本大震災後の電力業界などを取材。2019年、日経ビジネスに。パナソニックHDなどの電機業界、エネルギーを中心とするESG分野を取材。森岡毅氏や刀の取材はUSJ時代を含め10年以上続けてきた。

森岡毅　必勝の法則

逆境を突破する異能集団「刀」の実像

発行日　2024年12月23日　第1版第1刷発行
　　　　2025年1月17日　第1版第3刷発行

著者　中山 玲子

発行者　松井 健
発行　株式会社日経BP
発売　株式会社日経BPマーケティング
〒105-8308
東京都港区虎ノ門4-3-12

帯写真　菅野 勝男
装丁・レイアウト・DTP　中川 英祐（トリプルライン）
校正　聚珍社
編集　白壁 達久
印刷・製本　TOPPANクロレ株式会社

54pイラスト / ssstocker-stock.adobe.com、Nuthawut-stock.adobe.com

本書籍に関するお問い合わせ、ご連絡は下記にて承ります。
https://nkbp.jp/booksQA

ISBN 978-4-296-20658-2